AGRICULTURA, REBELIÓN Y DEVOCIÓN:

TRES MICROHISTORIAS DEL SURESTE DE PUERTO RICO

JORGE NIEVES RIVERA

2015

AGRICULTURA, REBELIÓN Y DEVOCIÓN:

TRES MICROHISTORIAS DEL SURESTE DE PUERTO RICO

JORGE NIEVES RIVERA

CENTRO DE ESTUDIOS E INVESTIGACIONES DEL SUR
OESTE DE PUERTO RICO
EDITORIAL AKELARRE

Agricultura, rebelión y devoción: Tres microhistorias del sureste de Puerto Rico

Primera Edición
mayo 2015

Editorial Akelarre
Centro de Estudios e Investigaciones del Sur Oeste (CEISO)
Lajas, Puerto Rico
editorialakelarre.blogspot.com
editorialakelarre@gmail.com

Ilustraciones sometidas por el autor.

Library of Congress Control Number: 2015906340

ISBN: 1511758546
ISBN-13: 9781511758543

CONTENIDO

PRÓLOGO

El pueblo de Patillas se engalana con un rico periodo historiográfico. Muchos pueblos de la isla no cuentan con un solo libro de su historia. Panfletos y mitos han tomado su lugar. En las páginas municipales de internet se repiten historias falsas, datos imprecisos, y bochornosas omisiones de su devenir histórico. Pero Patillas, desde hace décadas ha contado con la obra de algún historiador local que intentara, dentro de múltiples limitaciones de fuentes y relaciones institucionales, divulgar responsablemente la historia de su pueblo Esmeralda. Tal es el caso de obras como la de Valentín Cruz, editor del *Álbum de Guayama, Patillas, Maunabo y Arroyo* aparecido en 1930 y constituido por anécdotas, fotos y eventos generales; la de don Paulino Rodríguez Bernier -*Historia del Pueblo de Patillas. 1811-1865*-, aparecido en 1968. Obra de carácter localista y genealógico pero serio y culto; el libro de Pedro Rivera Arbolay -*Historia de Patillas*- publicado en 1999, y que cubría desde la fundación del pueblo en 1811. De marcado carácter institucionalista, es decir, de los perfiles de organización local, la alcaldía, la iglesia etc., y profusamente ilustrada. La de Jalil Sued Badillo -*Sendero Histórico de Patillas, el pueblo Esmeralda*-, de 2012; de carácter más documental e interdisciplinario que pretendía recorrer desde el periodo indígena hasta la invasión norteamericana de 1898. También de este autor es el artículo "La etapa fundacional del pueblo de Patillas" aparecida en la *Revista HIRO* en 2013. Más recientemente, la obra de Edwin Latalladi Laboy -*Remembranzas de Patillas*-, de 2013. Como su título indica es una rica colección de evocaciones patillenses con un dejo nostálgico generacional. Omitiremos los aportes muy recientes de obras de poetas patillenses que acompañan en esta historiografía como los de Sigfredo y Consuelo Badillo Rivera que se afincaron en su muy querido pueblo verde.

Pero ahora estamos frente a una obra, no de carácter amplio como las anteriores, panorámicas, sino de atrincheramiento en temas más ocultos y profundos de la historia patillense: ***AGRICULTURA, REBELIÓN Y DEVOCIÓN; TRES MICROHISTORIAS DEL SURESTE DE PUERTO RICO***, del profesor Jorge Nieves Rivera. Esta es la publicación de su tesis de maestría aprobada por la Universidad Interamericana, recinto Metro, hace escasamente un año. Tuve el placer de ser tutor de esta investigación, de las inquietudes de su autor por aportar a la historia de su pueblo, de las dificultades al ahondar en temas con escasos antecedentes y tener que recurrir a entrevistas con testigos de época y cuestionar el porqué de las lagunas en libros anteriores de dichos temas. Patillas tiene ante sí la obra de un joven historiador, acucioso, inconforme y decidido a resaltar o más bien, a rescatar los eventos históricos más significativos de su pueblo y divulgarlos a esa juventud siempre alerta y receptiva. La lealtad al suelo patrio se enseña y a eso se dedican los maestros y los historiadores.

El primer tema. AGRICULTURA, rescata el pasado cafetalero de los barrios altos del municipio, siempre olvidados por la siembra y producción de azúcar en los llanos. Patillas había estado sumida más bien en la historia del valle azucarero de Guayama, perdiendo sus verdaderos perfiles de agricultura variada y su importante renglón cafetalero. El autor insiste en el carácter distinto y complejo de la geografía patillense en contraste con la arroyana y guayanesa. Patillas es montaña también.

El tema de REBELIÓN, aborda eventos de finales del siglo XIX como La Torre del Viejo, y otros eventos de resistencia a la explotación española en la cual Patillas participó. Casi siempre se informaba de eventos de esta índole en Yauco o regiones occidentales de la isla. Entrelaza magistralmente estos eventos con los del resto de la Isla para insistir que Patillas no estaba tan enajenada de los *issues* nacionales como se daba la impresión. Ricos datos inéditos se ofrecen en la obra.

Finalmente el tema de la DEVOCIÓN, se refiere al culto de la llamada Madre Elena en la Santa Montaña, culto actual todavía en la zona. Rompe detrás de la historia oral para develar personalidades, investigaciones, ocultaciones y creencias de este sector de la religiosidad popular de la zona. Para el historiador nada está exento de estudio. Todo en la cultura, en el quehacer humano está sujeto a investigación, quehacer del ayer y del presente.

***

Jorge Nieves Rivera es maestro en colegio privado de Guaynabo, miembro de la Asociación Puertorriqueña de Historiadores(APH), y miembro de la reciente organización de Historiadores de la Región Centro Oriental de Puerto Rico(HIRO), de la cual Patillas es pueblo participante.

****

La historia de los pueblos, la microhistoria, es la alfombra de las historias nacionales, sus raíces que permiten profundizar su suelo y darle explicación a sus hilos generales. La microhistoria de Puerto Rico está muy incompleta, es más, esta deshilachada. Obras como esta permiten atar cabos, remendar y afianzar la experiencia local. Patillas es afortunada.

Por Jalil Sued Badillo, PhD., Vicepresidente de la Asociación Puertorriqueña de Historiadores (APH).

Un pueblo debe reconstruirse no desde el presente, sino desde los rostros del pasado.

March Block

Apuntes del editor

La región sureste de Puerto Rico no solo cautiva nuestros sentidos cotidianos, gracias a su diversidad ecológica viva y radiante, sino que es una zona rica en historia que como toda zona histórica, se transfigura en territorio ejemplar. Las pugnas finiseculares entre el llano y la montaña, entre incondicionales y liberales, entre hacendados y peones, quedan retratadas de manera sencilla, imparcial y humana, en este maravilloso trabajo de investigación histórica. Trabajo sucinto, como el pueblo de Arroyo, y profundo, como las impresionantes fayas de la Sierra de Cayey. La huella del pasado aparece de repente entre cafetales: una clave toponímica, unas ruinas sepultadas en la hierba o un puñado de entrevistas fundamentales con esos admirables sobrevivientes del pasado que son nuestros viejos. A estos materiales preciosos, Jorge Nieves Rivera les suma los que ha encontrado en archivos municipales, bibliotecas, colecciones históricas y registros de iglesias en la región. Aunque tomando a Patillas como punto de partida, este joven historiador nos hace subir hasta las lomas del municipio, tan cercanas a sus hermanas geológicas de San Lorenzo, Maunabo, Yabucoa y Cayey.

Esa subida a la loma es posterior al recorrido que, en apenas un centenar de páginas, hemos realizado a caballo, a pie o en tren, por los cañaverales de Arroyo y Guayama y las costas que los circundaban. Así, a pesar de que esta historia del Sureste puertorriqueño concluye en la Santa Montaña, antes Cerro de Vuestra Madre, en la parte del Bosque Estatal de Carite que mira hacia el Mar Caribe, es una historia diversa, abierta a nuevas investigaciones, pero contundente en sus observaciones y descubrimientos, entre los que destaca el referido a los encarcelamientos de autonomistas y liberales en Arroyo y Patillas, únicos puertorriqueños llevados a cumplir sentencia por razones políticas a Marruecos (prisión de Ceuta) entre 1890 y 1897. Como historiador, Jorge Nieves se suscribe a los hechos; pero como humano, no deja de percibir la sorpresa, o mejor, como ya habíamos dicho allá por la quinta línea: *la maravilla* que se cierne en torno a cada uno de esos hechos.

Jorge L. Rodríguez Ruiz, Editor

AGRADECIMIENTOS

Antes de comenzar con la narración y análisis de este trabajo de investigación, es importante hacer mención de las personas que de alguna forma u otra fueron parte de la misma. Gracias a su tiempo, interés y apoyo se facilitó en muchas ocasiones la construcción de este trabajo.

Es por esta razón que agradezco al Dr. Jalil Sued Badillo, director del comité de esta tesis de maestría, por sus observaciones, sus argumentos y sus regaños que lograron zurcir toda una serie de datos e historias desordenadas en mi memoria sobre la historia del pueblo esmeralda. De igual forma le agradezco al Dr. Ramón Corrada del Río y a la Dra. Rosa María Corrada; sus comentarios y sugerencias desde el comienzo de este trabajo fueron fundamentales a la hora del análisis de los documentos y eventos históricos investigados; a la Dra. Ruth Reyes, compueblana, por su apoyo incondicional y solidaridad con esta investigación. A José L. Colón y Enrique Cruz de la administración de la Universidad Interamericana, Recinto Metro; eternamente agradecido. A Jorge Rodríguez Ruíz, por el excelente trabajo de edición, a la Editorial Akelarre y al Centro de Estudios e Investigaciones del Sur Oeste de Puerto Rico por el interés y apoyo para la publicación de este trabajo.

De esta misma forma le agradezco a la Asociación de Estudiantes Graduados de Historia de la Universidad Interamericana, por haberme permitido presentar parte de este trabajo en el Primer Encuentro Nacional de Estudiantes de Historia, celebrado en septiembre del 2013, en el Centro de Estudios Avanzados de Puerto Rico y el Caribe en Viejo San Juan. A mis colegas estudiantes del programa graduado: Albeyra Rodríguez, Carlos Ruíz, Gloriana Estremera, Jorell Meléndez, Pablo L.

Crespo Vargas y Mildred Cardona Rivera, gracias por permitirme compartir con ustedes esta investigación y por sus valiosos comentarios sobre la misma. Al Director del programa, el Dr. Pedro González, gracias por todo su apoyo y la Sra. Myrna Maldonado, por siempre estar a la mejor disposición de ayudar a los estudiantes del programa, ¡te queremos Myrna!

También quiero agradecer a las personas que ayudaron en la búsqueda de fuentes y de entrevistas para nutrir la investigación. Estos fueron el Sr. Eric López del *San Juan Historic Site*, al sacerdote José Dimas Soberal, por darme acceso a su archivo personal y disponer de sus documentos sin ningún reparo. A la Fam. Muñoz Gorgas por disponer su colección fotográfica privada para que este trabajo estuviese bien ilustrado. A los patillenses, Antonio Navarro, Celestino Lozada, Aguilino Santana y Manuela Ortiz por permitirme contar sus historias. Al matrimonio de Cirilo Figueroa y Carmen Velázquez, su aportación a este trabajo tiene un valor incalculable; y a mis compañeros y amigos de Casas de la Selva en Patillas, Andrés Rúa y Thrity Vakil; gracias a ustedes es que conocemos que existió la Estancia Sofía en el barrio Mulas de Patillas, gracias por preservar la historia.

Al corillo singular: Rosita Corrada, Jeannice Mustafá, Yandra A. Chinea, Sandra Espada, Javier Torres, Pablo Ortíz, José Maurás, Gerardo Suro, Xareni Rivera, Jenny Collazo, Delby Espada, Luis Pagán, Luis Joel Ortíz, Johanna Garay, Roger Viruet, María Cancel, Gerardo Romero, Damián García, Haddys Torres, Alei Ramos y Abdiel Arenas, gracias por siempre apoyar este trabajo, ¡gracias por siempre estar ahí!

A mis familias Nieves Figueroa y Rivera Flores del pueblo de Patillas, en particular a Maritza Rivera, Amelio Nieves, Luis Nieves, José Nieves, José Alejandro Nieves, Amelie L. Nieves, Gremarie Rivera, Moisés Nieves y Ángel J. Rivera; son ustedes la otra cara de la historia del pueblo de Patillas, son ustedes los verdaderos protagonistas.

Y por último, pero no menos importante, agradezco de manera especial a Yaritza Bobonis Vázquez, mi pareja, mi amiga y mi compañera; todo el apoyo físico, moral y espiritual que depositaste en este trabajo, lo convierte en uno más tuyo que mío. Gracias por ser mi inspiración y motivación.

Este trabajo está dedicado a María A. Flores Ortiz "Agu", Gregorio Rivera Torres "Goyo," y a la memoria de Lucía Nieves Díaz (QDEP) y Santiago Muñoz Díaz (QDEP) "Chago"; a través de sus memorias y sus manos pude conocer el Patillas que nadie nos contó.

El recuerdo es la base de la humanidad...tanto a nivel personal como al supra personal, y la historia no es sino la extensión de la memoria. Por la memoria personal no nos salvamos de la muerte, en cambio, la memoria colectiva no solo extiende la personal sino que, al hacerlo, trasciende la mortalidad personal en cuanto nos conecta con los demás, con la sociedad y, a la larga, con la humanidad.

Esteban Tollinchi

INTRODUCCIÓN

En conmemoración al bicentenario del pueblo de Patillas en el año 2011, se creó una comisión cultural para redactar un nuevo libro de historia sobre el pueblo a la luz de sus 200 años de fundación. Esta monumental tarea fue encargada al patillense Dr. Jalil Sued Badillo. En un curso graduado que tomé con el Prof. Sued en la universidad, me enteré de la existencia de este proyecto de investigación. En ese mismo momento, no vacilé en ofrecerme como voluntario para cualquier gestión necesaria.

El trabajo voluntario que ofrecí al profesor no fue denegado. De inmediato me encomendó investigar sobre lo ocurrido en el municipio durante el periodo histórico de finales del siglo XIX y principios del siglo XX. Confieso que aunque en un comienzo no estuve muy a gusto con la encomienda, la acepté como todo buen estudiante soldado de fila del Dr. Sued Badillo. No obstante, la decepción del tema no me duró lo suficiente, al realizar un listado de los eventos cronológicos más importantes de Patillas para esa época, me percaté que estaba encargado de investigar uno de los periodos más complejos en la historia municipal. La expectativa era conocer cómo se encaminaba Patillas en términos políticos, económicos y sociales hacia su primer centenario de fundación como pueblo en el 1911, y con ello, darle una nueva mirada a eventos tales como la Torre del Viejo, el desarrollo agrícola de la montaña y la llegada de la Madre Elena a las lomas del pueblo.

¿Qué fue la torre del viejo? ¿Dónde está ubicada tal Torre? ¿Quién fue Madre Elena y porqué cien años después de su muerte, gran parte de los patillenses actuales y ausentes, la recuerdan con tanto cariño y le tienen un fervor singular? Además de la caña ¿qué más se cultivó en Patillas? ¿Por qué los libros de historia sobre Patillas nos ilustran sobre la caña y las personas de la tercera edad entrevistadas me hablan sobre el café, tabaco guineo, malanga y yuca?

Esas fueron algunas de las preguntas que nos formulamos al momento de evaluar tales acontecimientos. Y desde entonces se convirtieron en parte de los objetivos de esta investigación que al final se transformó en tema de investigación para la tesis de maestría en Historia de América de la Universidad Interamericana, Recinto Metropolitano.

Después de revisar la historiografía municipal y nacional sobre temas tan diversos comprendimos la profundidad histórica de estos sucesos. La Torre del Viejo no era físicamente una torre como tal, sino que era el nombre de una sociedad secreta a nivel nacional, de fines políticos y económicos, fundada en la década de 1880. El clímax de esta sociedad ocurrió en el 1887, cuando fue descubierta por las autoridades españolas. Esto desató una cacería de parte de la corona española hacia los miembros de tal sociedad secreta. Los métodos de terror utilizados por la Guardia Civil fueron a tal grado que desde entonces a este año se le conoce en la historia nacional como el terrible año del 1887.

No obstante, los arrestos ocurridos en Patillas y denominados como La Torre del Viejo en la historiografía municipal y nacional, no sucedieron durante el terrible año del 1887. Los arrestos y persecuciones ocurrieron ocho años después, en octubre de 1895. Esto llevo a preguntarnos lo siguiente: ¿Sobrevivió la sociedad secreta La Torre del Viejo después de la represión del 1887? ¿Era parte de esta sociedad secreta el grupo de arrestados en Patillas y Arroyo en el 1895? ¿Eran nuevas sociedades secretas fundadas a raíz de la segunda guerra de independencia cubana en febrero de 1895? O, ¿eran campesinos molestos y revueltos por la difícil situación económica, política y social de finales del siglo XIX?

Al estudiar a profundidad el tema de la agricultura surgieron más preguntas. El coloso azucarero que arropo la Isla bajo el dominio español y bajo el dominio norteamericano, llego hasta los llanos de Patillas, donde diferentes familias criollas y extranjeras, dominaron su producción desde sus comienzos en siglo XIX, hasta su culminación en el siglo XX. Pero ¿y qué nos dicen del café?

¿Hubo café en el pueblo de Patillas? ¿Por qué existe un sector en un barrio de las lomas que lleva el nombre de una estancia cafetalera? ¿Por qué existen de manera silvestres decenas de árboles de café en los barrios más altos sobre el nivel del mar? ¿Acaso Patillas no era costa nada más? ¿Por qué cuando entrevistamos a campesinos rurales en el pueblo esmeralda sobre el tema del café, automáticamente hablan del tabaco, de los ñames y de los puercos? ¿Los productos fueron parte de una trilogía agrícola de las lomas en Patillas durante algún periodo? ¿Quién los cultivó? ¿En qué barrios se desarrollaron?

Además, realizar una investigación histórico-social sobre el periodo de 1890 a 1910, en Patillas y no tocar el tema de vuestra madre del campesino de las lomas, Elena, sería dejar un rompecabezas incompleto, con pedazos muy importantes sin cubrir. El legado histórico-religioso y cultural de este personaje ha dejado una huella palpable en cada rincón del Patillas actual. A pesar de 105 años de su muerte, nos preguntamos ¿por qué los patillenses continúan subiendo hacia el cerro Nuestra Madre todos los viernes santos de cada año? ¿Por qué peregrinos suben a pie por la carretera #184, desde Patillas hasta San Lorenzo, en la madrugada del viernes santo para llegar hasta el santuario de la Santa Montaña? ¿Es acaso una tradición centenaria del pueblo en devoción a la figura de Elena? ¿Y quién fue Elena? ¿Acaso tienen algo en común la agricultura, los arrestos de octubre de 1895 y la llegada de Madre Elena a la montaña?

Con la bizarra idea de contestar este corillo de preguntas, se utilizó el método de la historia social basado en las investigaciones realizados por el Dr. Fernando Picó y el Dr. Carlos Buitrago en las zonas cafetaleras del oeste de la cordillera central de la Isla de Puerto Rico, específicamente en los municipios de Utuado y Adjuntas. Dentro de un marco histórico social se escudriña un periodo de tiempo, tomando eventos micro-históricos del pueblo, con el fin de analizar los sucesos, a la luz de nuevos documentos encontrados, de sus doscientos años de fundación como municipio y de su ubicación geográfica.

Bajo esta metodología, se han revisado fuentes publicadas impresas tanto históricas como sociales, primarias y secundarias, basadas en documentos oficiales e historia oral, además de libros, mapas, periódicos e internet. Las mismas han sido halladas en los Fondos Municipales y en los protocolos notariales en el Archivo General de Puerto Rico; en los narrativos y mapas realizados por la comisión topográfica del ejército español en el 1883, que se encuentran en la sala de investigaciones Julio Marrero Núñez del San Juan Historic Site; en los Censos de población de 1910, que se encuentran en el Centro de Investigaciones Históricas de la Universidad de Puerto Rico, Recinto de Río Piedras; en la revista Pancho Iberro, ubicada en la biblioteca del Ateneo Puertorriqueño en el Viejo San Juan; en las actas bautismales de pardos y negros esclavos, que son custodiados en los archivos parroquiales de Patillas; en los periódicos de la década de 1890, tales como *La Correspondencia* y *La Democracia* que están microfilmados en la sala de la Colección Puertorriqueña de la biblioteca Lázaro de la Universidad de Puerto Rico, Recinto de Río Piedras; en las cartas circulares y personales de la diócesis de Caguas y de la Comisión Episcopal Puertorriqueña, que se encuentran en el archivo privado del P. José Dimas Soberal en el pueblo de Lares; y en la historia de forma oral, la cual fue recopilada gracias a las entrevistas a campesinos rurales en los barrios el

Real, Mulas, Quebrada Arriba y Marín, del municipio de Patillas, realizadas durante el semestre de enero a mayo del 2013. A su vez, se realizaron visitas de campo a las ruinas de la Estancia Sofía en el barrio Mulas, durante el mismo semestre.

El trabajo de investigación terminó compendiado en dos temas principales: La agricultura de Patillas desde finales del siglo XIX y principios del XX (1890-1914) y Aspectos sociales del Patillas de finales de siglo XIX y principios del XX (1887-1914). El tema de la agricultura está compuesto por seis subtemas que abordan desde la geografía física del municipio, el cultivo de los frutos menores, el ganado, el tabaco y la madera, hasta la caña y el café, por supuesto. Mientras que en el tema de los aspectos sociales de Patillas para finales de siglo XIX, se forma con seis subtemas que cubren algunos aspectos demográficos, situación política de Patillas y Puerto Rico para el 1887, los arrestos de Patillas y Arroyo en octubre de 1895, el cambio de siglo en Patillas (1890-1900), la llegada de la Guerra Hispanoamericana al sureste de Puerto Rico y sobre vuestra madre del campesino de las lomas, Elena.

Al concluir la investigación es preciso clarificar que no se pretende contestar todas las preguntas que existen sobre lagunas históricas en el periodo estudiado. Cada investigación aporta algo diferente, nuevo y diverso; algo que cambia y algo que busca permanecer en el tiempo. Por lo tanto, la investigación aspira a presentar y explicar a cualquier persona que le interese conocer a Patillas desde su origen como un pueblo de devoción, agricultura y rebelión.

Todos los terrenos de la jurisdicción así montuosos como llanos, son generalmente fértiles y propios para el cultivo no solo de los frutos relacionados, sino también de otros... tiene el partido todos los elementos indispensables para su prosperidad.

Don Manuel Ulpiano Lizardi,
Alcalde de Patillas, década de 1840

UNIDAD I:

La Economía Agrícola en Patillas a Finales del Siglo XIX y Principios del XX (1890-1915)

Aspectos de la geografía física del municipio de Patillas

Patillas es un municipio que se encuentra ubicado en la región centro y sur oriental de la Isla de Puerto Rico. Sus 121.79 km^2 de extensión geográfica (47.02 mi^2)[1] permiten que parte de su superficie terrestre se extienda desde el interior montañoso de la Isla hasta la parte costanera de la misma. El municipio está compuesto por 16 barrios registrados oficialmente hasta el 2013, a saber: Mulas, Cacao Alto, Cacao Bajo, Mamey, Apeadero, Pollos, el casco urbano, Jagual, Muñoz Rivera, Quebrada Arriba, Marín, Egozcue, Bajos, Jacaboa, Ríos y Guardarraya. Los barrios del norte y este del municipio, tales como Muñoz Rivera (el Real), Quebrada Arriba, Mulas, Marín y Egozcue, están ubicados en la zona oriental de la Sierra de Cayey, cuya elevación del terreno oscila los mil pies de altura sobre el nivel del mar Caribe. A su vez, los barrios del Sur del municipio, tales como Cacao Bajo, parte de los Pollos, partes del Bajo y partes de Jacaboa, sin olvidar a Guardarraya, son terrenos que pertenecen a la extensión de valles costaneros del sureste de la Isla de Puerto Rico.

Esta diversidad geográfica del municipio permite una variedad de suelos ricos en minerales que enriquecen y diversifican la que fuera uno de los motores principales del comercio durante sus doscientos años de fundación: la agricultura. El hecho de que Patillas sea un pueblo costanero y a la misma vez de la montaña

---

1 Datos suministrados por Iván Santiago, *GIS Specialist*. Oficina de Gerencia y Presupuesto del Estado Libre Asociado de Puerto Rico.

hace que sea viable el desarrollo de diversos cultivos, tanto para el consumo local y doméstico como para el de exportación. A lo largo de sus 16 barrios se han producido una serie de productos agrícolas que han contribuido al abastecimiento de alimentos de toda la región centro oriental y sur este de la Isla.

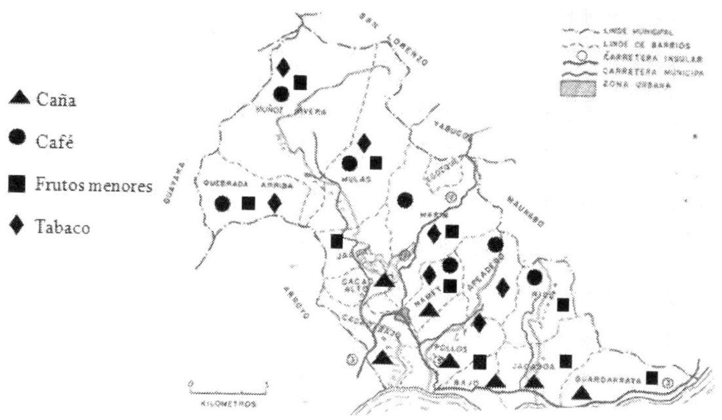

Producción agrícola por barrios, 1890-1910

Otra de las ventajas para la agricultura de esta posición geográfica es que el municipio se encuentra ubicado geológicamente dentro del Batolito de San Lorenzo (el mismo se estima que se encuentre entre los municipios de Patillas, Cayey, Maunabo, San Lorenzo, Humacao y Yabucoa), el cual está compuesto por rocas volcánicas antiguas clasificadas como extrusivas o volcánicas intrusivas.[2] Este mismo patrón de roca volcánica se repite en la parte oeste de la cordillera Central con el llamado Complejo de Utuado, que comprende áreas de los municipios de Utuado, Adjuntas y Jayuya. Son estas características volcánicas las que permiten, en ambos casos, que los suelos posean diversos minerales y —por lo tanto— mayor fertilidad a la hora de la

2 Tania del Mar López Marrero y Nancy Villanueva Colón, *Atlas ambiental de Puerto Rico* (San Juan: editorial de la Universidad de Puerto Rico, 2006), 128.

producción agrícola. Además, la diversidad mineral del suelo producto del origen volcánico, permite la siembra de diferentes cultivos totalmente opuestos a sus ambientes de reproducción. Hecho que explica las siembras simultáneas de café y caña en las montañas y costas de Patillas, respectivamente, durante todo el año.[3]

En la Sierra de Cayey nace el río más largo de Puerto Rico —La Plata— así como parte del Río Grande de Patillas, el cual desemboca en el Mar Caribe. Por su parte, se han registrado en el municipio algunas minas de oro y hierro[4]; además, su terreno está clasificado como semiárido y húmedo en la mayor parte de la zona montañosa, y semiárido y árido en la costa.

Para poder apreciar su extensión de superficie, debemos recordar que Patillas colinda por el norte con los municipios de Guayama, Cayey y San Lorenzo, con quienes comparte el Bosque Estatal de Carite; por el oeste, con el municipio de Arroyo y también parte de Guayama; finalmente, por el este colinda con los municipios de Maunabo y Yabucoa. Al sur, bordea sus costas el mar Caribe. En ruta de Patillas a Maunabo se pueden observar la Sierra de Pandura, compartida por ambos municipios, así como el nombrado cabo de Mala Pascua, registrado ya desde la colonización hispánica de la Isla como punto que hacía referencia a la parte oriental o sureste de Puerto Rico.[5] También, en ruta hacia el pueblo de Maunabo por la costa, se encuentra el balneario Villa Pesquera de Patillas. Este balneario es parte de la reserva natural Punta Viento, extendida a lo largo de más de doscientas cuerdas de terreno de alto valor ecológico, y compuesta

---

3 La comparación antes expuesta debe ser ampliada en futuras investigaciones sobre este tema.

4 Adolfo de Hostos. *Tesauro de Datos históricos de Puerto Rico.* Tomo IV, N-R (San Juan: Editorial de la Universidad de Puerto Rico, 1994), 208.

5 Jalil Sued Badillo. *Sendero histórico de Patillas: el pueblo esmeralda.* (Río Piedras: Publicaciones Gaviota, 2012), 2.

por diferentes tipos de mangles y cuerpos de agua costeros. Se puede acceder a *La Esmeralda del Sureste* (Patillas) utilizando las carreteras #3, #184 o #181 (esta última, poseyendo como punto de partida o de llegada el municipio de San Juan).

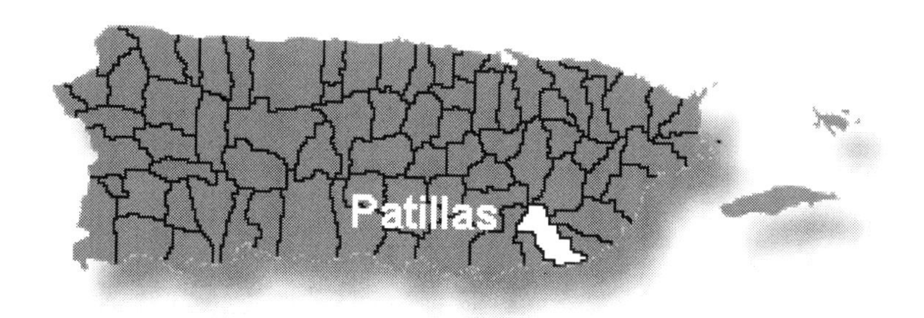

Mapa obtenido de www.boricuaonline.com

No obstante, una de las desventajas de la ubicación geográfica de Patillas, municipio resguardado en la parte oriental de la Isla, es precisamente su vulnerabilidad ante los huracanes que azotan la Isla, figurando en la historia natural de este pueblo el paso de algunos de los más devastadores huracanes que han asolado a Puerto Rico. Así, durante los años 1891 al 1928 (4 décadas), pasaron por —o alrededor de— el municipio cuatro huracanes, que fluctuaron entre las categorías 2 y 4 según la escala Saffir-Simpson. Cada uno de estos fenómenos atmosféricos afectó significativamente el motor mismo de la economía local, es decir: la agricultura, así como su capital humano, cuya mengua se manifestó trágicamente en la pérdida de decenas de vidas. En capítulos posteriores se describen los efectos socio-económicos que provocaron estos cuatro ciclones en la historia de este municipio sureño.

La diversidad ecológica y ambiental de Patillas fue objeto de atención para la mayoría de los cronistas que visitaron el municipio a lo largo del tiempo. Según los historiadores patillenses

Pedro J. Rivera Arbolay y Jalil Sued Badillo, las primeras descripciones geográficas oficiales del valle y los montes de Patillas fueron realizadas por Fray Iñigo Abad y Lasierra en el siglo XVIII, específicamente en su *Historia geográfica, civil y natural de la Isla de San Juan Bautista.* Sin embargo, el Dr. Sued Badillo ha descubierto referencias geográficas al municipio, fechadas en el siglo XVII y encontradas en la cartografía sobre América de Antonio de Herrera, uno de los primeros cronistas oficiales de Indias. De Herrera solo identifica como referencias náuticas del sur de la Isla a Guayama (puerto de Patillas) y Guánica.[6]

Como ya es de conocimiento histórico, Patillas fue parte del municipio de Guayama hasta el 1811, fecha en la cual el *Partido de las Patillas* se constituye como municipio. Una de las primeras descripciones geográficas oficiales que realiza la Corona española durante el siglo XIX, estuvo a cargo del coronel Don Pedro Tomás de Córdova quien, en su informe *Memorias geográficas, históricas, económicas y estadísticas de la Isla de Puerto Rico,* detalla una serie de datos tanto geográficos como sociales sobre el partido de Las Patillas. Sobre los datos físicos, de Córdova comentó lo siguiente:

> Está como al interior situado en la costa Sur y es el último pueblo más al Este que hay en ella. Dista del mar más de media legua...se fundó en 1811. Corren por la jurisdicción cuatro ríos: el de las Madres, el de matón, río Chiquito y el de Jacaboa. Los caminos en tiempos de lluvias se ponen malos, particularmente el del Espino por la Sierra, que queda intransitable.[7]

---

6 Sued Badillo. *Sendero histórico de Patillas,* 9.

7 Aníbal Sepúlveda Rivera, *Puerto Rico urbano: atlas históricos de la ciudad puertorriqueña. Vol. I. La memoria olvidada, 1509-1820.* (Centro de Investigaciones Carimar y el Departamento de Transportación y Obras Públicas del Estado Libre Asociado de Puerto Rico, 2004) 121.

En esta misma descripción sobre Patillas, el coronel admitió que:

> Este partido por la posición agradable y bondad de sus tierras debe tener progresos, y estos serían mayores si el vecindario abriera la comunicación por el Espino con los pueblos de Hato Grande y Caguas. El comercio entonces sería de mucha importancia y la riqueza aumentaría considerablemente.[8]

Años más tarde, el 10 de octubre de 1846, Don Manuel Ulpiano Lizardi realizó una descripción topográfica del pueblo de Patillas y su jurisdicción, por encargo del Sr. Comandante del Departamento, Coronel Don Ramón Aboy. Lizardi describió que:

> Todos los terrenos de la jurisdicción a sí montuosos como llanos, son generalmente fértiles y propios para el cultivo no solo de los frutos relacionados, sino también de otros...Tiene el partido todos los elementos indispensables para su prosperidad y riquezas.[9]

En 1878, el teniente de infantería Don Manuel Ubeda y Delgado realizó un *Estudio histórico, geográfico y estadístico de la Isla de Puerto Rico*. En este estudio, Ubeda y Delgado fue mucho más cuantitativo que cualitativo en cuanto a las descripciones geográficas del municipio, si es que comparamos el mismo con los trabajos de Ulpiano Lizardi y Tomás de Córdova. Así, en el *Estudio histórico* aparece el número de ríos, casas, comercios, bohíos, pulperías y ventorrillos de todos los barrios del municipio. Además, Ubeda y Delgado realizó una descripción del es-

---

8 Ibíd. pág. 121.

9 Pedro J. Rivera Arbolay. *Historia de Patillas* (Santo Domingo Ed. Alfa y Omega, 1999), 93.

tado físico en que se encontraban los diferentes edificios oficiales de la Corona española, así como el de algunos de los caminos existentes entonces.[10]

Otra descripción geográfica de Patillas fue redactada por el Dr. Cayetano Coll y Toste en su *Reseña del Estado Social, Económico e Industrial de la Isla de Puerto Rico al tomar posesión de ella los Estados Unidos.* Sin embargo, los resultados de esta reseña fueron más de tipo demográfico, en el que abundan los datos cuantitativos sobre los aspectos sociales y económicos del país. Por tal razón, dichos datos se discuten solo en los capítulos posteriores de este trabajo, relacionados a la economía agraria y la población patillense de finales del siglo XIX. Gracias a su rica geografía, diagramada en una amplia gama de verdes naturales, el cognomento del pueblo se ha perpetuado con aceptación de la ciudadanía como *La Esmeralda del Sureste.*

Los cultivos de frutos menores a finales del siglo XIX y principios del XX en Patillas

La agricultura patillense, al igual que la de un sinnúmero de pueblos de la Isla, padeció durante algunos de sus periodos históricos el cautiverio triple de los monocultivos agrícolas en Puerto Rico: caña, café y tabaco. Estos 3 cultivos dominaron, en cierto momento, las exportaciones y los grandes cultivos de Puerto Rico, gozando del aval de los gobiernos que los concibieron como fuente primordial de progreso. Sin embargo, a la sombra de estos grandes cultivos fue cosechada toda una diversidad de productos agrícolas que mantuvo la alimentación de los trabajadores tanto como la de los patronos. Fueron estos cultivos

10 Manuel Ubeda y Delgado. *Isla de Puerto Rico: Estudio histórico, geográfico y estadístico de 1878.* (Edición publicada por la Academia Puertorriqueña de la Historia, 1998), 271-272.

menores los que ayudaron a mantener una dieta básica, saludable y accesible para el puertorriqueño de todas las clases sociales.

Los frutos menores cultivados fueron las legumbres, musáceas y frutas; así como los vegetales y hortalizas que acompañaban a los grandes cultivos en sus plantaciones: yuca, malanga, batata, ñame, yautía, plátanos, guineos, naranjas, toronjas, guayabas, guanábanas, piñas, tomates, calabazas, cebollas, culantro, achiote, recao, pimiento, granos (p. e. habichuelas), maíz y arroz.[11] Todos estos cultivos complementaban las riquezas agrícolas de los pueblos, según lo describen varios cronistas de finales del siglo XIX y principios del XX. Para el 1894, José Blanch —vice-cónsul de Haití en Puerto Rico— redactó un *Directorio Comercial é Industrial de la Isla de Puerto Rico* en el que hizo un desglose de las riquezas agrícolas de cada municipio insular.

El *Directorio Comercial* de Blanch revela que Patillas era el municipio de mayor número de estancias (unidad de medida) de cultivos menores en toda la región oriental. Unas 566 estancias de dichos cultivos fueron registradas por Blanch en Patillas, pueblo al que le seguía Yabucoa con el segundo mayor número de estancias de la región (375); en tercer lugar se encontraba Maunabo, con 233 estancias; en cuarto lugar Fajardo, con 202; finalmente, en quinto lugar quedaba Humacao, con 200 estancias.[12]

Es importante señalar que este informe de Blanch se publica en 1894, un año después del azote del huracán San Roque, el cual, clasificado como ciclón categoría 2 según la escala Saffir-Simpson, entró a la Isla por la región oriental, causando severos daños a las plantaciones de plátanos, guineos, frutas y hortalizas. Por lo tanto, se puede inferir que el número de estancias desglo-

---

11 José Blanch. *Directorio Comercial é Industrial de la Isla de Puerto Rico para el 1894* (copia suministrada por el Dr. Jalil Sued Badillo), 10.

12 Blanch. *Directorio Comercial*, 46-131.

sado en el Directorio Comercial resulta acaso conservador, considerando el hecho de que algunos municipios seguramente se recuperaban aún de los efectos negativos de San Roque.

Un lustro más tarde, en 1899, Cayetano Coll y Toste vuelve a hacer referencia a la riqueza agrícola puertorriqueña en su ya mencionada *Reseña sobre el estado social, económico e industrial de la Isla de Puerto Rico al tomar posesión de ella los Estados Unidos.* Al igual que el vice-cónsul Blanch, Coll y Toste detalló pueblo por pueblo el número de cuerdas destinadas entonces a la producción agrícola. Al proceder así, se distancia de Blanch, quien —como vimos— clasificó la producción agrícola insular por estancias, en vez de cuerdas. ¿Cuánto era la medida de una estancia? Aunque no se conoce con exactitud, algunos datos nos llevan a indicar que una estancia era una finca pequeña que posiblemente variaba de unas 30 a 500 cuerdas de terreno. Se puede llegar a esta conclusión ya que la diferencia en números de producción entre el vice-cónsul Blanch y el Dr. Coll y Toste es demasiado amplia dentro de un periodo tan corto de tiempo. Además, en el libro *Amargo Café*, el autor Fernando Picó establece que la estancia —como unidad agrícola productiva— variaba en importancia, según fuese el grado de accesibilidad que cada una podía alcanzar en sus respectivos mercados.[13] El pueblo de Las Piedras, por ejemplo, aparece en 1894 con 8 estancias de frutos menores, mientras que en 1899 reaparece con 645 cuerdas.[14]

En la *Reseña* de Coll y Toste (1899), este establece que Patillas se clasificaba como uno de los municipios con mayor nú-

---

13 Fernando Picó. *Amargo Café: los pequeños y medianos caficultores de Utuado en la segunda mitad del siglo XIX* (San Juan: Ed. Huracán, 1985), 43.

14 Ver el *Directorio Comercial é Industrial* del vice-cónsul José Blanch y la *Reseña sobre el estado social, económico e industrial de la Isla de Puerto Rico al tomar posesión de ella los Estados Unidos* del Dr. Cayetano Coll y Toste.

mero de cuerdas de terreno dedicadas al cultivo de frutos menores, con 762 cuerdas. Sin embargo, el pueblo de Yabucoa lo sobrepasaba, con 917 cuerdas. En tercer lugar aparecía el pueblo de Las Piedras, con 645; en cuarto lugar, Humacao, con 607; y en quinto lugar Naguabo, con 474 cuerdas de terreno.[15]

La diferencia entre el número de estancias del vice-cónsul Blanch y el número de cuerdas de Coll y Toste no revela una discrepancia escandalosa en términos numéricos, sino que constata la presencia de una producción agrícola constante, amplia y diversa a finales del siglo XIX en la parte oriental de Puerto Rico. Además, muestra una producción agrícola mucho más inclusiva y menos latifundista que en otros departamentos de la Isla. Cabe señalar que para el 1899, Patillas, con 4,924 cuerdas cultivadas, se posicionaba como el distrito número 3 con el mayor número de las mismas dentro de todo el departamento de Humacao, según el censo realizado por los norteamericanos en 1899 y publicado en 1900.[16] En comparación con Guayama y Arroyo, se posicionaba como el primero de estos distritos.[17]

El cultivo de frutos menores se propagó en Patillas a lo largo y ancho de sus 16 barrios. Gracias a la riqueza mineral de sus diferentes suelos, producto de su origen volcánico, se podía (incluso hasta nuestros días) sembrar diversos cultivos durante todo el año. Los plátanos y guineos complementaron el paisaje del café, del tabaco y de la caña. Los ñames, yucas, malangas, yautías y batatas complementaron los cafetales y sembradíos de tabaco

---

15 Cayetano Coll y Toste. *Reseña del estado social, económico e industrial de la Isla de Puerto Rico al tomar posesión de ella los Estados Unidos* (Edición facsímil publicada por la Academia Puertorriqueña de la Historia, 2003), 137-365.

16 Carlos M. Domínguez Cristóbal. *Panorama histórico forestal de Puerto Rico* (San Juan: Editorial de la Universidad de Puerto Rico, 2000), 378.

17 Departamento de Guerra de los Estados Unidos. *Informe sobre el Censo de de Puerto Rico (1899)* (trad. Por Frank L. Joannini) Washington: Imprenta del gobierno. 357.

de los barrios de la montaña, tales como Jagual, Quebrada Arriba, Muñoz Rivera (Real), Mulas, Marín, Mamey y Apeadero. Y los huertos caseros, con sus diversas hortalizas, constituían una parte principal en todos los *bohíos* de cada barrio.

Los árboles frutales, tanto endémicos como introducidos, también se destacaban por la bonanza de su cultivo, lo mismo en las áreas costeras como en las montañas. Árboles de guayaba, guanábana, mangó, toronja, limón, naranja, acerola, carambola, mamey, quenepa, coco (palmeras) y aguacate fueron cultivados con fines tanto comerciales como domésticos. Otras frutas que tuvieron éxito en su cultivo fueron la parcha, piña y el melón (sandía). El cacao también se cultivó en Patillas con buen éxito a finales del siglo XIX y principios del XX; de hecho, gracias a su destacado cultivo, el cacao es mencionado por el alcalde de Guayama, Don Celestino Domínguez en 1899, al redactar su informe para el reporte Carroll. En dicho reporte, señalaba la existencia de unas pequeñas plantaciones de cacao de excelente calidad en varios municipios de Puerto Rico, entre los que figuraban Guayama y Patillas. Para el Alcalde, dichas plantaciones eran de segunda categoría, pero solo si se le comparaba con el cacao de Guayaquil.[18] Esta pauta que da Don Domínguez, a finales del XIX, al cacao patillense, explica la existencia de 2 barrios homónimos al fruto (Cacao Alto, Cacao Bajo), aparecidos en la toponimia de Patillas desde su fundación.

Durante la transición del gobierno español al norteamericano (1898-1900), Patillas poseía 761.61 cuerdas de terrenos dedicados a cultivos generales.[19] Gracias a este número, continuaba en el segundo lugar de producción de cultivo de frutos menores,

---

18 Henry K. Carroll. *Report of the Island of Puerto Rico its population, civil, government commerce, industries, productions, roads, tariff and currency, with recommendations* (Washington: Government printing office, 1899), 109.

19 Henry K. Carroll. Report of the Island of Puerto Rico, 117-118.

dentro del departamento número 7, como bien había certificado Coll y Toste.

Para el año 1910, existían plantaciones de café en el barrio Mulas y de caña en Guardarraya, entre las que se sembraba arroz para el consumo del hogar.[20] Además del arroz, se encontraban otros tipos de hortalizas y musáceos que complementaban la dieta diaria del campesinado, quien se ahorraba así el tener que comprarlos en cualquier ventorrillo o pulpería del pueblo. Estos cultivos aliviaban significativamente el bolsillo del campesino patillense, sujeto al pobre salario que devengaba como obrero agricultor de la caña o el cafetal. Las recomendaciones que sobre este aspecto realiza el médico José Amadeo —M.D. de Patillas— en el *Reporte* de Henry Carroll, se vieron concretadas en 1910. En 1900 ya Amadeo señalaba que:

> Era de suma importancia aumentar las plantaciones de frutos menores tales como arroz, habichuelas, maíz, plátanos, batatas y otros tubérculos que sirvan para el crecimiento de clases pobres a través de comida barata y abundante y eso, nos podrá librar de las ruinosas importaciones de cereales y otros artículos de tierras extranjeras. Esto nos ahorrará dinero y aumentara nuestro bienestar.[21]

A pesar de la clasificación histórica que llama a estos frutos *menores*, la misma resulta irónica si tomamos en consideración la importancia que estos cultivos han tenido, como parte de la dieta diaria de gran parte de la población nacional. El cultivo de los frutos antes mencionados ha mantenido su existencia a pesar de todos los desastres naturales, económicos y hasta políticos

---

20 *Censo de Población de Puerto Rico del 1910.* Vol.36 y Vol. 37. Carretes 018 y 019 (Centro de Investigaciones históricas de la Universidad de Puerto Rico, recinto de Río Piedras)

21 Henry K. Carroll. *Report of the Island of Puerto Rico*, 108. Traducción al español por Jorge Nieves Rivera.

que ha sufrido la agricultura en la región oriental. Desde el 1899, el médico José Amadeo sugería estimular el progreso del agricultor de todas las maneras posibles, bajo un sistema justo de contribuciones que pudiera desarrollarlo.[22]

A diferencia del café, el tabaco y la caña de azúcar, los frutos menores aún existen como fuente primaria de ingreso para muchos campesinos de la loma y el llano, además de formar parte de la economía contemporánea del municipio de Patillas. El paisaje natural de algunas lomas y llanos está dibujado con matas de plátanos y guineos que cosechan anualmente cientos de racimos, con el fin de alimentar hogares y restaurantes tanto locales, como del resto de la Isla.

La producción maderera en Patillas a finales del siglo XIX y principios del XX

Otro producto agropecuario que al parecer también se desarrolló en Patillas fue la madera. La siembra de árboles con fines madereros y otros usos, más allá del alimentario (frutos y bebidas derivadas de ellos), fue un comercio del que también han tomado detalles algunos cronistas, tanto centenarios como actuales. El Dr. Sued Badillo registra en su libro sobre Patillas, señas del posible tráfico ilegal de madera en Patillas durante los siglos XVIII y XIX.[23] A partir de 1820 se restringió el uso de la madera de los bosques patillenses, mediante una orden municipal que exigía a los nuevos residentes del municipio un uso de

---

22 Ibíd., 108.

23 Sued Badillo. *Sendero histórico*, 20-21.

esta (aun cuando fuese extraída de terrenos privados) exclusivamente dedicado, o bien, a la construcción de viviendas, o bien, acercas para el terreno.[24]

Para finales del siglo XIX, gracias a las crónicas de José Blanch, es posible reconstruir los últimos años de la producción maderera en Patillas. Al parecer, el vice-cónsul Blanch quedó cautivado con las maderas de la Isla, pues se refiere a ellas como unas de muy buena calidad. Al respecto, es importante señalar que la madera ha sido un recurso natural muy importante y, a la misma vez, muy escaso para la hermana república de Haití. Además, durante la invasión de los franceses a la República Dominicana (1800), el tema de la madera abarcó gran parte de las descripciones geográficas que realizaron los cronistas militares galos.[25] Las observaciones de Blanch, de este modo, no son sino eco de las mismas palaras que estos militares de principios del XIX.

Así pues, la producción maderera en la parte oriental de Puerto Rico quedó registrada por este vice-cónsul haitiano que dio constancia de las distintas especies de madera que se cosecharon desde Patillas hasta Fajardo, para esa época. Dichas especies eran de muy buena calidad y estaban destinadas tanto a la construcción como a otros usos. Entre las mismas figuraban la madera de ausubo, tabonuco, cedro, maría, maga, algarrobo, guaraguao, capá, laurel, cojoba, roble y guayacán.[26]

---

24 A.G.P.R. *Fondo de gobierno español*, municipio de Patillas, #519.

25 Jorge Nieves Rivera. *La era de Francia en Santo Domingo.* Ensayo monográfico para el curso HIST 6000, Universidad Interamericana, recinto metropolitano. Archivo personal del autor. La invasión al Santo Domingo español resultó ser para algunos militares franceses la salvación a sus problemas madereros, causados por la deforestación masiva que se requirió para erigir las plantaciones azucareras, en casi todo el territorio nacional de Haití.

26 José Blanch. *Directorio Comercial é Industrial*, 46-131.

Los usos a los que se destinaba esta madera eran variados, siendo los más importantes la construcción de viviendas (incluidas las puertas y ventanas de las mismas), carretas, barcos de diversos tamaños, muebles, herramientas y cercas para terrenos. También se empleaban en la producción de artesanías, leña y carbón. Además de estos usos, los árboles se utilizaban para la extracción de resinas, la elaboración de medicinas y tintes, lo mismo que para el curtido de pieles.[27]

Por ejemplo, el tabonuco, además de ser una madera excelente para la construcción de viviendas, también se utilizaba (por su resina y madera) en la industria naviera. Por lo tanto, en Patillas —donde existieron dos puertos marítimos: el del Bajo y el de Jacaboa— dicho árbol pudo haber tenido una gran demanda. Sin embargo, otros dos árboles que generan buena madera para barcos son el capa-prieto y el caimitillo, cuya presencia en las laderas montañosas de Patillas pudo haber sido, así mismo, continua.[28]

Los árboles madereros fueron un producto altamente cotizado en este contexto histórico de finales del siglo XIX, cuando las máquinas a vapor (alimentadas con leña) se podían encontrar, de manera cada vez más frecuente, en las distintas haciendas de caña de toda la costa insular. Para la segunda mitad del siglo XIX, la madera era el combustible principal para toda aquella maquinaria a vapor que se estaba introduciendo en la Isla con el fin de actualizar, agilizar y mejorar las producciones azucareras. Como consecuencia de esta demanda maderera, el Dr. José Amadeo denunciaba en el 1899 —en el reporte Carroll— lo siguiente:

> La arbitraria destrucción de nuestros bosques ha convertido gran parte de la Isla en basura y el carbón está casi escaso ya. Es

---

27 Ibíd. 11.

28 Carroll. *Report of the Island of Puerto Rico*, 108.

indispensable que se planten bosques tanto endémicos como introducidos de otros climas. Esto podría aumentar la salud y modificar la temperatura en zonas calientes para el beneficio de la salud del pueblo en general.[29]

El propio José Blanch, comentando sobre la producción azucarera del pueblo de Guayama, insiste en el hecho de que en este pueblo existían trapiches a vapor funcionando en algunas centrales azucareras. Sin embargo, dicho municipio no aparecía clasificado por Blanch como uno productor de madera, por lo que este dato parece indicar que toda la madera que suplía los trapiches azucareros de Guayama provenía posiblemente de pueblos aledaños al mismo, insertos en la Sierra de Cayey, tales como Patillas y Cayey propiamente. Este mismo patrón pudo haberse repetido en Arroyo e incluso Patillas. Lo cierto es que —como vimos— los distritos de Patillas, Maunabo, Yabucoa, Naguabo y Fajardo, pertenecientes al departamento de Humacao, aparecían como productores de madera de la parte oriental de la Isla, según lo demuestran las descripciones que hace Blanch en 1894.

Por su parte Coll y Toste, en su Reseña de 1899, no hace ninguna referencia a la industria maderera de esta zona. Se trata del momento en que el departamento de Humacao ocupaba el séptimo y último lugar en el número total de cuerdas ocupadas por bosques en Puerto Rico. No obstante, Patillas constituía el cuarto distrito con mayor número de cuerdas en ese departamento.[30] A pesar de su agricultura cafetalera y tabacalera, el impacto de la deforestación que se necesitaba para facilitar el cultivo de estos productos no tuvo repercusiones significativas.

El mismo año en que aparece la Reseña de Coll y Toste, se redacta el informe de Carroll sobre Puerto Rico, en el que se

---

29 Ibíd. Patillas poseía 17,327.52 cuerdas en bosques y Guayama, 18,756. 60.

30 Carlos M. Domínguez. *Panorama histórico forestal*, 377.

presenta —contrario a lo que ocurre con la Reseña— una clasificación general bastante amplia sobre la madera puertorriqueña. Así, aparece el listado de las maderas más resistentes, las más débiles (de segunda categoría), las de construcción de viviendas, las de construcción de barcos y las buenas para la ebanistería.[31] Sin embargo, Carroll no las clasifica ni por distrito ni por departamento.

El presente estudio no pretende especular sobre las bonanzas que pudo haber ofrecido la producción de madera a sus comerciantes. Pero tampoco olvidamos el hecho de que esta madera facilitó y agilizó la vida del campesinado local, sirviendo por años de materia prima principal para un sinnúmero de productos, en la región centro-oriental de la Isla.

De todos modos, no poseemos actualmente evidencia que nos corrobore si hubo o no alguna(s) compañía(s) maderera(s) establecida(s) en Patillas, o bien, algún(os) aserradero(s), a finales del XIX y principios del XX. Indudablemente los hubo, y su contribución a la economía de la montaña y el pueblo fue real. Hoy día existen aserraderos dispersos en varios municipios de la Cordillera Central, dedicados a vender y aserrar madera tanto endémica, como introducida.

Al respecto, cabe mencionar la producción maderera actual que posee Patillas, específicamente en los barrios Real y Mulas, gracias al proyecto Casas de la Selva, establecido ahí desde inicios de 1980. Se trata de más de 1,000 cuerdas de terreno donde se cultiva una centena de especies distintas de árboles madereros, tanto endémicos como de otras partes del trópico, destinados a usos diversos y comercializados a una escala pequeña que no excluye, sin embargo, el comercio exterior.[32]

---

31 Henry K. Carroll. *Report of the Island of Puerto Rico*, 226-228.

32 El proyecto de silvicultura *Las Casas de la Selva* está adscrito a Earthwatch Institute. Actualmente es dirigido por la Sra.Trity Valkil y el Sr. Andrés Rúa. Se encuentra

El tabaco patillense a finales del siglo XIX y principios del XX

El tabaco fue otro de los cultivos desarrollados en Patillas a finales del siglo XIX y principios del XX. Las lomas y penillanuras fueron escenario para diferentes plantaciones tabacaleras, a lo largo de todo el municipio. Al igual que otros pueblos de la región oriental de la Cordillera Central de Puerto Rico, Patillas se posicionó a finales del 1800 como uno de los municipios con mejor producción de tabaco[33]. Los principales distritos que se destacaron por sus plantaciones a nivel nacional fueron Comerío, Caguas, Cayey, San Lorenzo y Patillas. La cosecha del tabaco, en conjunto, llegó a ser de 3,000.000 pesos anuales[34].

Según el reporte Carroll, Patillas tenía en 1899, 105 hectáreas en plantaciones de tabaco, para un total de 259 acres. El 32.69% de las cuerdas de terreno de todo el municipio estaban dedicadas a este cultivo, cifra con la que el municipio superaba en producción tabacalera a Guayama, Arroyo y San Lorenzo[35]. Afirma el Dr. José Amadeo en su libro que, para estas fechas, el tabaco de Patillas comenzaba a desarrollarse como un cultivo productivo y rentable, al punto de insertarse (junto con el de otros distritos) en los mercados de Londres y en otros lugares de Europa[36].

Amadeo añade en su informe que: "En toda esta región de granito, desde el famoso barrio de Mamey hacia el este, hacia Maunabo y Yabucoa, existen unas magníficas praderas, tierras

---

ubicado en la carretera #184 que va de Cayey a Patillas (o viceversa), en el Bosque Estatal de Carite.

33 Henry K. Carroll. *Report of the Island of Puerto Rico*, 108-109.

34 Ibíd. 109. La moneda es Peso provincial. Para el 1898, un peso provincial era el equivalente a 0.60centavos de dólar norteamericano.

35 Ibíd. 117-118.

36 Ibíd. 108.

altas y barrancos en donde se siembra tabaco de muy fina calidad".[37]

Plantaciones de tabaco en Puerto Rico. Plantaciones como estas abundaron en diferentes lomas de Patillas hasta casi mediados del siglo XX. Fotografía obtenida de la colección privada de la familia Muñoz Gorgas.

No obstante, a pesar de la importancia de las plantaciones de tabaco, en Patillas no aparecieron manufactureras de cigarros o cigarrillos en todos esos años finiseculares y de principios del siglo XX.[38] Razón suficiente por la cual el cultivo del tabaco merece una atención especial para futuras investigaciones históricas. Las constantes menciones que recibe este cultivo, por parte

---

37 Ibíd.108. Traducción al español por Jorge Nieves Rivera.

38 Ibíd. 142.

de diferentes informantes que nutren el reporte Carroll, nos revela una significativa producción de tabaco patillense que se abría paso, no solamente en los pueblos de la región oriental, sino a lo largo y ancho de todo Puerto Rico. En términos generales, el tabaco que se produjo en Puerto Rico para el 1899 fue de excelente calidad, equiparable al de la hoja cubana.[39]

El ganado (vacuno, caballar, porcino y cabrío) a finales del siglo XIX y principios del XX en Patillas y en el sureste

La ganadería fue la principal actividad económica en la región, desde el siglo XVIII. Mucho antes de que Patillas se independizara del partido de Guayama, en el valle del *pueblo esmeralda* se encontraban varios hatos ganaderos. La riqueza hidrográfica del pueblo facilitó la crianza de reses para la producción de diversos artículos, tales como carnes, lácteos y cuero. Alguna parte de estos productos se vendía en el comercio local, y la otra se exportaba en algunos de los puertos de la zona, donde se despachaba lo mismo a comerciantes oficiales o a contrabandistas.

En Patillas hubo ganado de ceba y ganado de crianza. El primero era ganado vacuno concentrado mayormente en grandes extensiones de terrenos destinadas al pastoreo del mismo. Este tipo de ganado se destinaba casi exclusivamente a la producción de carnes, productos lácteos y de cuero, tanto para el consumo doméstico como para el del extranjero. Por su parte, el ganado de crianza era aquel destinado mayormente a emplearse en haciendas y estancias, en las que desempeñaban un papel significativo, tanto en el movimiento de máquinas como en el arado de los terrenos.

---

39 Ibíd. 109.

Pero el ganado de la época fue muy diverso, e incluía al caballar, cabrío, mular, asnal y porcino o de cerda, como también se le conoce. De todos modos, dentro del Departamento de Humacao no hubo un dominio homogéneo del comercio del ganado, por parte de un solo distrito. Por ejemplo, el comercio del ganado vacuno estuvo dominado en gran medida por los municipios de Yabucoa, Humacao, Naguabo y Fajardo, a principios de 1890.[40] No obstante, a finales de esa misma década, Coll y Toste reseña en su informe que los municipios con mayor cantidad de cabezas de ganado eran Humacao, con 12,356 (de las cuales, 10,986 eran vacuno); Yabucoa, con 10,240 (de las cuales 8,901 eran vacuno) y, en tercer lugar, la Isla de Vieques, con 9,493 (de las cuales 7.938 eran ganado vacuno).[41] La mayor parte de la producción del comercio ganadero, en estos municipios, estuvo ligada al ganado de ceba y no de crianza.

En este renglón económico, la participación de Patillas no fue significativa. Hasta el momento, no se ha encontrado documento alguno que revele una producción ganadera significativa, dentro de la historia de la región centro-oriental y oriental de Puerto Rico. La riqueza pecuaria de Patillas no sobrepasaba las 5,000 cabezas de ganado. Existían 1,117 cabezas de ganado de caballar; 13 mulas; 4 asnos; 3,142 cabezas de ganado vacuno; 269 cabras y 325 cabezas de ganado de cerda, para un total de 4, 870 cabezas de ganado.[42] Esta riqueza pecuaria estaba valorada en $99,830.00 y ocupaba el séptimo lugar de riquezas pecuarias dentro del Departamento de Humacao, seguido por Maunabo con $60,790 y la Isla de Culebra con $27,911.[43]

---

40 Blanch, *Directorio Comercial é Industrial*, 58-131.

41 Coll y Toste, *Reseña del estado*, 137-365.

42 Ibíd. 259.

43 Ibíd. 137-365.

Algunos detalles parecen indicar que la riqueza pecuaria de Patillas no estuvo en el ganado vacuno, sino en el de cerda y cabrío. El mismo Coll y Toste lo reseñó en su informe de 1899, en el cual establece que Patillas poseía 325 cabezas de ganado porcino, sobrepasando en este renglón a la Isla de Culebra, que contaba con 180 cabezas del mismo. Curiosamente, en el Departamento de Humacao, los distritos con menor índice de ganado vacuno fueron los mismos con la mayor producción de ganado porcino.[44] Y el mismo fenómeno se registra con el ganado cabrío, en el cual Culebra superaba a Patillas, con 325 cabezas de ganado cabrío frente a 269 cabezas de ganado patillense. Vieques se encontraba en tercer lugar, con unas 217 cabezas de ganado cabrío. Los demás municipios del Departamento (Maunabo, Yabucoa, Humacao, Naguabo, Las Piedras y Fajardo) no alcanzaron las 100 cabezas de ganado cabrío.[45]

De todos modos, este sector económico fue muy cotizado debido a la gran producción de alimentos que se pueden extraer de él. En tiempos de sequía y fuertes lluvias, el ganado se podía transportar a otros pastos, dándole la oportunidad a sus dueños de continuar con esta producción que les ayudaba a evitar el efecto directo de algún ciclón tropical (huracán o tormenta). Estas eran pequeñas ventajas comerciales que ofrecía el ganado sobre la agricultura.

Por esto, el ganado cabrío llegó a dominar comercios municipales enteros, como en el caso de Fajardo, a principios del 1890, cuando el negocio del ganado constituyó la mayor fuente de lucro para el pueblo[46]. Lo mismo sucedió con Naguabo, Humacao y Yabucoa, cuyas riquezas económicas municipales no estuvieron limitadas solamente a la producción agrícola. Este

---

44 Ibíd.

45 Ibíd.

46 Blanch. *Directorio Comercial é Industrial*, 58-131.

mismo factor de diversidad económica se podía encontrar en diferentes distritos de diversos departamentos a nivel insular.

Es de conocimiento histórico que la economía agrícola estuvo fundamentada muchas veces en los monocultivos de productos mencionados previamente en este estudio. Sin embargo, debemos recordar que hubo también ciertas economías paralelas a la economía principal y mayoritaria, que significaron la supervivencia y sustento de muchas regiones de la Isla. Hasta el momento, hemos visto cómo la parte oriental de Puerto Rico tuvo una economía diversa, sin estar ajena a los procesos económicos que se estaban llevando a cabo en toda la Isla. De hecho, en la región oriental se han encontrado cientos de estancias y fincas con producciones menores, que minimizaban de esa forma los efectos avasalladores de los grandes latifundios de producción.

Otros municipios con características económicas agrícolas similares, durante los tiempos que hemos investigado, no contaron con la misma suerte que Patillas. Las plantaciones y otros aspectos económicos se concentraron por generaciones, en dichos municipios, en manos de familias criollas y extranjeras. Esto posibilitó la posesión de tierras a un gran número de campesinos agrícolas, quienes obtenían algunas cuerdas de terreno a cambio de su trabajo en dichas plantaciones.

En este sentido, la diversidad agrícola de la región centro-oriental y oriental de la Isla ofreció al campesino pobre de la montaña la oportunidad de tener ciertos productos agrícolas básicos para su alimentación. Hacia 1920, en el barrio Mulas, Manuela Ortiz desayunaba café con leche de cabra, pues era el único tipo de leche al que tenían acceso diario[47]. A falta de vacas, posiblemente por su alto costo, el ganado cabrío reemplazó y sustituyó en muchos hogares el uso del ganado vacuno en la obtención de leche y otros productos derivados. La leche de cabra

---

47 Entrevista con Manuela Ortiz, 12 de enero del 2013, a cargo de Jorge Nieves Rivera.

no era la de mejor sabor, pero les nutría de calcio y otros nutrientes básicos en una dieta balanceada, ante la escasez y el alto costo de otros productos alimenticios más recomendables.

Lo mismo sucedía con la carne porcina frente a la de res. El fácil manejo de algunas cabezas de ganado porcino, en corrales cerca de los hogares, aseguraba la carne e incluso un ingreso adicional, cuando se efectuaba la venta de algún cerdo para alguna festividad. Cabe señalar que el cerdo es uno de los pocos animales que ofrecen para alimento más del 90% de sus partes. Patas, intestinos, rabo, hocico y orejas, son solamente algunas de las partes que se aprovechan de este animal, en alguno de los platos tradicionales borincanos.

Además, a falta de un sistema de refrigeración moderno para preservar el buen estado de la carne, el campesino ahumaba la misma con humo del fogón; una vez ahumada y condimentada con sal y pimienta, se guardaba en latones y se dejaba en sitios altos o colgados, fuera del alcance de animales y alimañas. Según Cirilo Figueroa, esta carne de cerdo almacenada podía estar varios meses guardados sin que perdiese el buen sabor, como si se hubiese cocinado días antes.[48]

Esta forma tradicional española para conservar las carnes, principalmente las carnes rojas, significó la degustación de ricos cortes de carne añejados, casi convertidos en jamón de la más alta calidad, como aquel que despachaba el tablajero o la pulpería cercanos. De esta forma, el campesino se las ingeniaba para producir casi en su totalidad la producción alimenticia del hogar, sin tener que recurrir al consumo de productos alternos. A finales del siglo XIX, muchos productos importados comenzaron a escasear debido a la inseguridad económica que permeó durante la última década del siglo. Factores políticos, económicos

---

48 Entrevista con Cirilo Figueroa, 16 de febrero del 2013, a cargo de Jorge Nieves Rivera.

y naturales se combinaron para sacudir de manera dramática la economía nacional de finales del 1800. Muchos productos comenzaron a escasear de las tablillas de los ventorrillos, y otros aumentaron de precio drásticamente, hasta el punto de volverse inasequibles.[49]

La carne fue uno de los productos más encarecidos, aumentando a precios muy difíciles de costear para el ciudadano rural de muchas partes de la Isla. Por lo tanto, la crianza de algunas cabezas de cerdos y cabros podía complementar el paisaje físico de las plantaciones, y ayudar significativamente a la adquisición de proteínas, vitaminas y carbohidratos necesarios en toda alimentación saludable.

A pesar de la difícil situación económica y laboral que vivió el obrero de las lomas patillenses a finales del siglo XIX y principios del XX, siempre hubo la manera de encontrar algún jornal. No obstante, hubo quienes encontraron la forma de adquirir algunas cuerdas de terreno, gracias a préstamos hechos a hacendados o banqueros del pueblo.

En el caso de Patillas, municipio que no contaba entonces con ninguna institución financiera, se destacó el Sr. Modesto Bird León como uno de los más importantes comerciantes-banqueros que por esos años, 1897-1900, se dedicaron al crédito, controlando, comprando y supliendo el crédito refaccionario de la región.[50] La familia Bird, al igual que la Fantauzzi, fueron so-

---

49 Carmelo Rosario Natal. *Los pobres del 98'puertorriqueño: lo que le pasó a la gente* (San Juan: Producciones Históricas, 1998), 32.

50 Maribel Cintrón Ferré. *Los comerciantes de Guayama: intercambios y control en el 98'.* Ensayo publicado en el libro *Los arcos de la memoria: el 98'de los pueblos puertorriqueños*, editado por Silvia Álvarez Curbelo, Mary Frances Gallart y Carmen Raffucci. San Juan: Editorial Posdata en colaboración con la Universidad de Puerto Rico y la Asociación de Historiadores Puertorriqueños, Comité del Centenario 1898, 249.

lamente dos de las familias que simbolizaron el dominio del capital y el comercio agrícola en los municipios de Maunabo, Patillas, Arroyo y Guayama.

Esta economía agrícola, basada en lo pecuario, continúa aún funcionando en ciertos sectores y barrios de Patillas, a 100 años de las descripciones reseñadas por Coll y Toste. Ya no existe el ganado vacuno con fines de crianza para maquinaria o arado, predominando actualmente el ganado de ceba para la producción y consumo de carne, tanto a nivel local como de exportación. Sin embargo, el ganado cabrío y porcino continúa —100 años después— en el primer lugar de la pirámide, dentro de la producción agropecuaria del municipio. Ésta micro-industria representa cientos de libras de lechón al año, consumidas por el pueblo en diversas actividades y festividades culturales, religiosas, deportivas e incluso políticas. Todavía existen personas dedicadas a esta industria, tanto a nivel de la crianza como en la venta de cerdos locales, criados en buenas condiciones y con diferentes pesos, en diferentes lugares del municipio.

De este modo, se suple la demanda del consumo del lechón, tanto en el seno del hogar como en los distintos restaurantes que se encuentran a lo largo y ancho del Pueblo Esmeralda.

La caña en Patillas a finales del siglo XIX y principios del XX

Después de la revolución haitiana (1804), muchos hacendados europeos establecidos en La Española huyeron hacia otras islas caribeñas vecinas, a fin de dar nuevo comienzo a sus negocios. Años más tarde, la revolución bolivariana en Suramérica hizo emigrar a muchas familias de la elite española, quienes se refugiaron en las Antillas caribeñas con igual propósito.

A estas revoluciones atlánticas se les sumó la creación de la Real Cédula de Gracia de 1815, que facilitó la emigración de familias corsas, peninsulares y alemanas a Puerto Rico, donde participaron de los menesteres propios de la elite criolla, tales como la política y el comercio. En este último, dichos inmigrantes se dedicaron al cultivo y la elaboración de diferentes productos agrícolas, entre los que figuraba la caña de azúcar, cuya elaboración para fines azucareros, o bien: para la producción de ron, fue uno de los más lucrativos negocios establecidos por extranjeros y criollos en Puerto Rico durante el siglo XIX, a raíz de la caída de la colosal industria azucarera en Haití.

La caña de azúcar fue acogida en el comercio de Patillas, primero bajo la dominación española y luego bajo la soberanía norteamericana. El desarrollo comercial del Patillas urbano y costero, así como parte del montañoso, fue posibilitado en gran medida por las decenas de cuerdas destinadas al cultivo de la caña de azúcar. Este monocultivo fue uno de los responsables de la riqueza de diversas familias, a lo largo de la historia del pueblo. Gracias a la riqueza mineral del suelo patillense, el cultivo de caña se logró sin mayores dificultades, aun cuando la falta de un sistema de irrigación constante y una infraestructura con capacidad industrial pudo haber entorpecido su cultivo en algunas zonas del pueblo.

Para la década de 1880, aparecen identificadas 4 haciendas de caña de azúcar en Patillas, según nos revela un plano militar de la época.[51] En el mismo, quedan registradas las haciendas La Felícita, La Patillas, La Catalina y La Río Chico. La Felícita era propiedad de la familia Fantauzzi, de origen corso y con tentáculos comerciales que llegaban a Nueva York, Córcega y Marsella.[52] Parte de la hacienda la había adquirido esta familia en junio

---

51 Sued Badillo. *Sendero histórico*, 143-144.

52 Gloria Tapia. *Orígenes y fundación de la central Lafayette*. Tesis de maestría para el Programa Graduado de Historia de la Universidad de Puerto Rico, recinto de Río Piedras (Centro de Investigaciones Históricas, #80), 26-27.

de 1857, por dieciséis mil macuquinos.[53] En La Felícita se cultivaba y elaboraba la caña de azúcar, aunque también se destilaba ron en una destilería instalada en sus propios terrenos.[54]

La producción de ron surgió posiblemente como consecuencia de unos de los peores momentos económicos por los que atravesaba, en ese entonces, la elaboración del azúcar. Por ejemplo, en 1885 el cónsul general norteamericano destacado en San Juan le informa al Secretario de Estado de su país, como parte de su informe anual, que la producción azucarera en Puerto Rico había promediado un 30% menos de lo estimado y el precio del azúcar "ha sido tan bajo que aun solo los que se puedan mantener en producción, solo cultivaran si ocurre una reacción".[55]

Razón por la cual diferentes hacendados y empresarios del llano, como por ejemplo la familia Fantauzzi, comenzaron a invertir en otros productos agrícolas, cosechados sobre todo en las lomas de la región. A este punto, no podemos perder de perspectiva las relaciones loma-llano y llano-loma[56] que comenzaron a desarrollarse fuertemente en la sociedad patillense a finales del siglo XIX y principios del XX. A raíz de este comercio inter-regional, cualquier agricultor de la montaña se desplazaba hasta la plaza pública de Patillas, desde donde intentaba vender sus diferentes productos, cargados hasta allí en mulas y caballos desde los distintos barrios montañosos. Así, la gente del llano podía abastecer sus alacenas con los diferentes productos agrícolas cul-

---

53 Ibíd.

54 José Díaz Jiménez. *Memorias. El Patillas del ayer* (editorial desconocida), 56. Copia suministrada por Antonio Navarro.

55 Félix Mejías *De la crisis económica del 86 al año terrible del 87* (Río Piedras: Ed. Puertos, 1972), 32.

56 Este concepto loma-llano y llano-loma está basado en el concepto altura-bajura que establece el Dr. Carlos Buitrago Ortiz en su libro *Los orígenes históricos de la sociedad pre-capitalista de Puerto Rico.* (Río Piedras: Ed. Huracán, 1976).

tivados orgánicamente en las lomas. De este modo, se complementaba la dieta de harina de trigo, mariscos y carnes, que consistía la alimentación básica de muchos en el llano.

Este trato económico entre la loma y el llano (o viceversa) va a provocar una relación de codependencia que fortalecerá la unión entre ambas regiones y fomentará, además del comercio, un intercambio cultural y social entre ambos grupos poblacionales. Por esta razón, la unión interactiva de la loma y el llano se mantuvo vigente durante todo el siglo XX, llegando a convertirse en el eje central de la historia social, económica y política moderna de Patillas.

De todas maneras, a pesar de esas nuevas inversiones, tanto la familia Fantauzzi como otras familias azucareras de la región, se mantuvieron activos invirtiendo su capital en la producción de caña, pues la misma continuaba siendo uno de los renglones agrícolas de mayor fuerza en la región centro-oriental y oriental de Puerto Rico. Junto a otros comerciantes extranjeros, la familia Fantauzzi fue parte de una diversa red comercial continental. A partir de 1855, esta familia comenzó a exportar mieles, ron y café a sus subsidiarias en París, Córcega y Marsella, a través del puerto de Arroyo.[57] Actividades comerciales como estas llevaron a esta familia a consolidarse con fuerza política y económica en la región. A finales del siglo XIX, los Fantauzzi se encaminaban a convertirse en una de las casas comerciales del sureste (Patillas, Arroyo y Maunabo) con mayor posesión de tierras para la producción de caña.

En efecto, luego del fallecimiento de los hermanos fundadores de la Sociedad Mercantil Fantauzzi, sus herederos (hijos y sobrinos) formaron parte de la Sociedad de Sucesores de C. y J.

---

57 Gloria Tapia. *Orígenes y fundación de la central Lafayette*, 26.

Fantauzzi, activa hasta 1936.[58] Fueron estos nuevos administradores los que, en 1915, adquirieron la finca y se hicieron cargo de la producción de la Providencia Sugar Co., administrada por una sociedad mercantil dirigida por el comerciante extranjero Guillermo Riefkohl.[59] De esta forma, los herederos de la Sociedad Mercantil Fantauzzi se convirtieron en los dueños de las tierras de caña que rodeaban el casco urbano de Patillas.

En 1894 fueron identificadas solamente cuatro haciendas productoras de caña, ya aparecidas con toda probabilidad en mapas militares. Años después, Coll y Toste hará mención de 1,550 cuerdas de terreno en Patillas destinadas a este cultivo, sin añadir algún otro detalle significativo al respecto.

Antonio J. Fantauzzi, uno de los sucesores de la Sociedad Mercantil Fantauzzi. Foto suministrada: Fundación Luis Muñoz Marín.

58 Gloria Tapia. *Central Lafayette de Arroyo: Eje económico y de cambio social en el sureste puertorriqueño*. Conferencia publicada en Los *pueblos de la región centro oriental y su historia (siglos XIX y XX)*, 113-114.

59 Paulino Rodríguez Bernier. *Historia de Patillas: 1811-1965* (San Juan: Ed. Bibliográficas, Segunda edición, 2012), 15-16.

En comparación con otros municipios de la región oriental de la Isla, Patillas ocupaba uno de los últimos lugares en la producción de este monocultivo, siendo superado en el número de cuerdas de terreno y de haciendas y centrales azucareras, por municipios tales como Yabucoa, Humacao, Fajardo y Luquillo[60]. Al oeste del municipio, Guayama se posicionó como uno de los colosos azucareros del sur, durante todo el siglo XIX. Por su parte, Arroyo comenzó a pespuntar en la industria azucarera a finales del siglo XIX.

No obstante, estos datos no se traducen como una muestra de poca actividad azucarera en el municipio de Patillas. A raíz de la caída del azúcar, propietarios de las haciendas locales comenzaron a vender sus propiedades a otros hacendados. Las familias Riefkohl y Fantauzzi adquirieron gran parte de las mismas, consolidando y expandiendo sus sendas producciones en el pueblo, las cuales eran posteriormente enviadas a Arroyo por barco (inicialmente) y tren (en años posteriores), para ser procesadas en la central azucarera de dicho municipio.

Por tal razón, Patillas no era considerado propiamente como un municipio productor de azúcar, sino que estaba dedicado al cultivo y no al proceso de elaboración del azúcar, a excepción de Río Chico, una de las haciendas principales del pueblo, la cual eventualmente sería transformada en central azucarera a principios del siglo XX.

Durante mediados del siglo XIX, la hacienda La Patillas era propiedad del empresario de origen corso Luis Pou. Según el historiador patillense Paulino Rodríguez, este hacendado fue uno de los primeros en establecer un ingenio azucarero en el municipio, bautizándolo homónimamente *Patillas*, de manera pio-

60 Blanch. *Directorio Comercial é Industrial*, 58-131.

nera e inusitada. La Patillas era la hacienda más cercana al pueblo, y la única con un nombre propio relacionado directamente a la toponimia del pueblo.

Justo en las afueras del casco urbano, en el barrio Los Pollos, se encontraba la hacienda La Catalina, propiedad de los hermanos Plaud, quienes también eran de origen corso. Esta hacienda se ubicaba en lo que actualmente es el sector Providencia de dicho barrio, al igual que lo estaba la Hacienda Río Chico. Esta última fue adquirida por Modesto Bird León, empresario y político, a finales del siglo XIX.

Después de la administración Bird León, Río Chico fue vendida a una corporación privada compuesta por familias extranjeras entre las que se destacaban las familias Fantauzzi, Hartman y Verges, si bien el señor Guillermo Riefkohl y Mournier también era accionista de la misma.[61]

Ruinas de la antigua hacienda La Patillas. Estas ruinas están ubicadas al lado del cementerio municipal del pueblo. Fotografía por Jorge Nieves Rivera.

---

61 Paulino Rodríguez. *Historia de Patillas*, 45-46.

Este fue un empresario y político, de padre alemán y madre nacida en St. Croix[62], que se radicó en Patillas a principios del siglo XX. Bajo la administración de esa corporación privada (tercera administración de Río Chico) el nombre de la hacienda cambió a Providencia Sugar Company, y su desarrollo se efectuó a partir de 1905, creando nuevas fuentes de empleos para la región.

La intención de los propietarios de la Providencia Sugar Company era convertirla en la primera central azucarera de Patillas, Arroyo y Maunabo. Sin embargo, estos planes no llegaron a concretizarse debido a que uno de sus socios mayoritarios decidió establecer una nueva central en sus tierras de Maunabo.[63] No obstante, los planes para la Providencia Sugar Co. continuaron en pie. La maquinaria para esta nueva central se trajo de Glascow, Escocia, y los hermanos McCormick, principales socios de la central, pusieron a la disposición de la compañía sus tierras en Arroyo y Guayama, a facilitarle materia prima a la central.[64]

Los intereses de la Providencia se extendieron hasta Salinas, donde en el barrio Quebrada Yeguas los hermanos McCormick arrendaron novecientas cuerdas de terreno para criar y mantener ganado.[65]

---

62 Censo de Población de 1910.

63 Andrés A. Ramos Mattei. *La sociedad del azúcar en Puerto Rico: 1870-1910* (Río Piedras: Decanato de Asuntos Académicos de la Universidad de Puerto Rico, 1988), 79. Para un estudio a fondo de la familia Fantauzzi, ver la tesis de maestría mencionada: *Origen y fundación de la Central Lafayette*, de la Dra. Gloria Tapia. Centro de Investigaciones Históricas, Universidad de Puerto Rico en Río Piedras. #80.

64 Ramos Mattei. *La sociedad del azúcar*, 79. Algunas de las unidades que pasaron al control de la central Providencia fueron las antiguas haciendas La Enriqueta y La Concordia en Arroyo, y la hacienda La Esperanza y la Verdaguer en Guayama.

65 Ibíd. 80.

Fotografía de la Central Providencia en el barrio Los Pollos de Patilllas, a principios del siglo XX. Estos terrenos hoy día son parte del sector La Providencia. Foto suministrada por la Colección privadas de la familia Muñoz Gorgas.

De esta forma, gracias a la consolidación de la Providencia Sugar Co., los campesinos de los diferentes barrios y sectores de Patillas, así como jíbaros de pueblos aledaños, llegaron hasta las inmediaciones de la misma en busca de alguna oportunidad de empleo, sobre todo durante el periodo de la zafra. En 1910 llegaron obreros desde países del norte, como Estados Unidos y Alemania, para desempeñarse en ciertas labores exigidas por la plantación azucarera.[66]

Los obreros que gozaban de hospedaje se quedaban en estas viviendas, establecidas en lo que hoy conforman el barrio Los Pollos y el sector Providencia. Tales viviendas, construidas con planchas de zinc y madera, servían de hospedaje temporal a los obreros durante la zafra, pero una vez llegado el llamado *tiempo*

---

66 Censo poblacional de 1910.

muerto eran desalojadas por completo, mientras que los jornaleros regresaban a sus hogares o se dirigían a la zona montañosa en busca de empleos relacionados a la temporada del café, la cual podía adelantarse a los meses de agosto y septiembre. La zafra, a su vez, comenzaba en enero y podía durar hasta mayo o junio, ocupando así de 5 a 8 meses del año natural.

Típico escenario de picadores de caña en Puerto Rico, a principios del siglo XX. Foto suministrada por la Colección privada de la familia Muñoz Gorgas.

La jornada laboral del obrero de la caña era alrededor de 10 a 12 horas diarias, encontrándose entre los factores que incidían en su extensión el clima, la capacidad de la producción y la mano de obra disponible. La jornada podía comenzar a las 6:00 a.m. y extenderse hasta las 6:00 p.m., guardándose apenas una hora o menos para el almuerzo del obrero.[67] La jornada laboral representaba, para quienes trabajaban en la siembra y corte de la caña, 0.49 centavos en 1905, 0.66 centavos en 1912, y 0.54 centavos en 1914.[68]

Los salarios eran pésimos y perpetuaban las condiciones paupérrimas en las que vivía la mayoría de la ciudadanía a finales del siglo XIX y principios del XX. El trabajador agrícola, principalmente el de la caña y el café, era el peor remunerado y, por consiguiente, se encontraba en precarias condiciones de vida. Este tipo de agricultor cobraba menos, incluso, que un despalillador de tabaco de la época.[69] A pesar de las aboliciones de la esclavitud y la libreta de jornalero, las condiciones de vida de los ex-esclavos y de las ex-víctimas de dicha *libreta* se mantuvieron subordinadas a las determinaciones de los diferentes hacendados, tanto del litoral como de la zona montañosa.

Tan temprano como en 1874, ciertos esclavos libertos se quejaron ante su patrono Francisco Fantauzzi, dueño de la hacienda La Felícita, a raíz de un incumplimiento de contrato. Los libertos se negaban a trabajar debido a que Fantauzzi no les estaba pagando lo que había estipulado con ellos mediante contrato, a saber: cuatro reales diarios, dos comidas, servicios médicos y medicinas. Sin embargo, según el señor Fantauzzi, esa reclamación era incorrecta ya que el acuerdo monetario estipulado había sido de tres reales diarios y no cuatro, como los libertos reclamaban.

---

67 Arturo Bird Carmona, *A lima y machete: la huelga cañera del 1915 y la fundación del Partido Socialista* (San Juan: Ed. Huracán, 2001), 66-67.

68 Bird Carmona, *A lima y machete*, 70.

69 Ibíd., 70. Un salario promedio diario de un despalillador de tabaco era más de un dólar al día.

Vista parcial de uno de los latifundios de caña de la familia Fantauzzi, entre Arroyo y Patillas, a principios del siglo XX. Foto suministrada por la Fundación Luis Muñoz Marín.

Ante la negativa de estos últimos de regresar a sus labores, los dueños de La Felícita hicieron llamar al propio alcalde, Victoriano Dávila, a fin de que personalmente les explicara a los libertos el acuerdo estipulado. Dávila, acompañado del secretario del ayuntamiento, la Guardia Civil y el libro de contratación del municipio, hizo retractarse a los libertos de sus argumentos y reclamaciones, y los convenció de lo que se había estipulado en el contrato. A los obreros en protesta no les quedó más remedio que disculparse con su patrono por el reclamo, y reincorporarse al trabajo, no sin antes haber sido sentenciados por el alcalde a cuatro días de trabajo en obras públicas, como escarmiento para que bajo ningún concepto volvieran a negarse a trabajar.[70]

70 Sued Badillo. *Sendero histórico de Patillas*, 186-187.

Al día siguiente, el propio alcalde visitó otras haciendas de caña del pueblo, para explicarles personalmente a los peones las condiciones de trabajo estipuladas en sus respectivos contratos. Con esto, quería prevenir ulteriores protestas sin fundamento alguno por parte de los obreros, según señala el propio Victoriano Dávila en el informe sometido a la corona española reportando lo sucedido.[71]

Parte de las ruinas de la hacienda La Felícita, en el barrio Cacao Bajo de Patillas. Fotografía por Yaritza Bobonis Vázquez.

Lo que no se imaginaría el alcalde Dávila es que, a pesar de la represión ejercida por el municipio para evitar cualquier queja o manifestación de los obreros, continuaron ocurriendo protestas e incidentes laborales en Patillas, como resultado de los bajos salarios y las pésimas condiciones de trabajo. En 1895, el Pueblo

71 Ibíd.

Esmeralda fue parte de la huelga nacional realizada por los obreros de la caña.[72]

A pesar de la escasa organización laboral que existía en los montes y llanos de la región centro-oriental y oriental de Puerto Rico a finales del siglo XIX, cientos de obreros de toda la Isla se unieron para manifestar sus reclamos ante unos patronos y un Estado que obstaculizaban el trato justo y humano en el ambiente laboral.

Los conflictos obrero-patronales no concluyeron al finalizar el siglo XIX sino que, al contrario, se multiplicaron y expandieron durante gran parte del siglo XX. En 1915 se registra en Patillas un importante conflicto laboral, al estallar la huelga decretada por los trabajadores de la Providencia Sugar Company. Esta, de todos modos, no fue una huelga aislada, sino que formaba parte de la huelga nacional de obreros de la caña, decretada ese mismo año por el descontento peonaje. Sobre 30 municipios de la Isla vieron cerradas algunas de sus centrales y haciendas, pues sus empleados apoyaron decididamente la huelga.

Aproximadamente 200 de los 3,600 obreros que trabajan en la cosecha para esa fecha, participaron decididamente en la huelga[73], auspiciados y dirigidos por la Federación Libre de Trabajadores, la cual ya se encontraba activa en Patillas desde 1910 gracias a la propaganda de líderes como Modesto Castro y Raimundo Fernández[74], quienes organizaron colectivamente a decenas de obreros patillenses, a fin de exigir condiciones básicas de empleo y sueldo.

---

72 Héctor Feliciano Ramos. Factores precipitantes de la carta autonómica. Ponencia publicada en el libro *Centenario de la Carta Autonómica (1897-1997)*, editado por Juan E. Hernández Aquino (San Juan: Círculo de Recreo de San Germán, co-auspiciado por la Fundación Puertorriqueña de las Humanidades, 1998), 5.

73 Bird Carmona, *A lima y machete*, 98.

74 Rodríguez Bernier, *Historia de Patillas*, 76.

Debido a este incidente laboral, el administrador de la Providencia —Don Guillermo Riefkohl— envió un telegrama al Presidente de la Cámara de Delegados de San Juan, con fecha del 23 de febrero de 1915, en el cual afirmaba que: "tenemos huelga en Maunabo y Patillas, siendo muy necesaria mi presencia aquí, no pudiendo ir por momentos a asistir sesiones Cámara se sirva dispensarme".[75] Como vemos, Don Riefkohl no solamente era empresario y agricultor sino también político, específicamente, delegado de la región sureste en la Cámara de Delegados, por el Partido Republicano.[76]

Gracias a esta huelga de 1915, los obreros puertorriqueños de la caña lograron aumentar modestamente el salario de cada jornada laboral. Antes de dicha huelga, al obrero patillense de la caña se le pagaba 0.57 centavos por jornada. Después de la huelga, se le aumentaron 0.10 centavos, para un total de 0.67 centavos la jornada de trabajo, convirtiéndose Patillas en uno de los municipios con mejor aumento por jornada.[77]

No obstante, es posible que después de este aumento salarial, y tras la gran concentración de tierras por parte de nuevas centrales azucareras, algunas haciendas se hubiesen visto en la necesidad de ser vendidas por falta de capital. De hecho, ese fue el caso, tanto de la Providencia Sugar Company, en Patillas, como de la Columbia Sugar Company, en Maunabo; ambas administradas por la familia Riefkohl, y vendidas en 1915 a la central Lafayette, de Arroyo, que era administrada entonces por los hermanos Fantauzzi.[78] Las únicas tierras cañeras que no pasaron a manos de los Fantauzzi fueron las trabajados por colonos de Ja-

---

75 Bird Carmona, *A lima y machete*, 124.

76 Ibíd.

77 Ibíd., 146. Patillas obtuvo mejores aumentos salariales que municipios tales como Naguabo, Yabucoa, Caguas, Río Piedras y Ponce.

78 Rodríguez Bernier. *Historia del Pueblo de Patillas*, 16.

caboa y Guardarraya, a cargo de la familia Roque Stella, los hermanos Figueroa y los hermanos Merle Guilfucci, de origen corso, quienes administraban la hacienda San Isidoro.[79]

Ruinas de la hacienda San Isidoro, en el barrio Jacaboa, carretera #3. Fotografía por Jorge Nieves Rivera.

Con esta concentración de las pequeñas haciendas en manos de sólidas centrales y nuevo capital, aparecieron nuevas tecnologías que mejoraron y ampliaron la producción y exportación del azúcar. En Patillas, por ejemplo, se extendieron las vías ferroviarias, con fines comerciales, hasta la hacienda San Isidoro y la Providencia Sugar Co., de donde se transportaba la caña en un ferrocarril de vapor hasta la central Lafayette (Arroyo). Este fe-

79 Ibíd.

rrocarril aceleró el transporte de la azúcar moscabada que anteriormente era transportada a través de barcos, desde los puertos de Jacaboa y Bajos.[80]

Además, se mejoraron las condiciones de algunas carreteras y se comenzó la construcción del embalse de Patillas, en 1910, cuya exitosa finalización en 1914 cumplió con los fines de irrigación para los que fue creado, supliendo de agua a los ardorosos llanos cañeros de la costa sur, donde la escasez del preciado líquido era constante.[81] La construcción de estas obras públicas aumentó la mano de obra que provenía de diversos sectores del municipio de Patillas, así como de pueblos limítrofes.

Este desarrollo comercial y tecnológico por el que atravesaba Patillas durante su centenario, le abrió las puertas al municipio a una mayor actividad socio-económica, brindándoles una nueva oportunidad a todos aquellos campesinos agrícolas de la montaña para poder recuperarse económicamente, después de los efectos adversos generados tanto por el embate del huracán San Ciriaco, como por la invasión norteamericana. De esta manera, la caña se posicionaba una vez más como el monocultivo rey de los llanos y penillanuras de Patillas y otros tantos esmerados municipios de la nación puertorriqueña.

---

80 Ibíd. 166.

81 Rivera Arbolay, *Historia de Patillas*, 234.

Tabla 1: **Producción y exportación de azúcar, años seleccionados.** Fuente: Historia económica de Puerto Rico, James L Dietz[82]

		Exportaciones	
Años	Producción	Volumen*	Valor ($)
1895	66,073	-	-
1900	81,526	-	-
1902	100,576	92,000	5,890,302
1904	151,088	130,000	8,690,814
1906	206,864	205,000	14,184,667
1908	277,093	235,000	18,690,504
1910	349,840	284,000	23,545,922
1915	345,490	294,000	27,278,754
1917	503,081	489,000	54,015,903
1919	406,002	352,000	48,132,419
1921	491,000	409,000	72,440,924
1923	379,000	355,000	46,207,276
1925	660,003	572,000	53,261,895
1927	629,133	575,000	54,756,984
1929	586,760	471,000	35,224,056
1930	866,109	-	53,670,038

*Toneladas

El café en Patillas a finales del XIX y principios del XX: Estancia Sofía.

El café, junto con la caña de azúcar y el tabaco, constituye la *trinidad* de los productos agrícolas en Puerto Rico. En diversas etapas de nuestra historia insular, estos tres productos gozaron del aval de las clases comerciales de ambas metrópolis (española

---

82 Dietz, *Historia económica*, 122.

y norteamericana) y sirvieron como fuente de ingreso a miles de familias, durante varias generaciones. El cultivo individual o simultáneo de estos productos cubrió gran parte del paisaje físico de la Isla, y ha servido incluso de inspiración para el arte y artesanía nacionales.

El pueblo de Patillas no fue la excepción en este aspecto. En diferentes etapas de su historia municipal —como hemos visto— se han cultivado la caña, el tabaco y una gama de cultivos menores, tales como musáceos, tubérculos y hortalizas. No obstante, el café fue uno de los cultivos de mayor importancia para el desarrollo agrícola de la montaña patillense de finales del siglo XIX y principios del XX, a pesar de que el auge azucarero del que gozó la región a principios de 1900 ha opacado su relevancia, manteniendo este arbusto al margen de posibles estudios económicos, sociales y agrícolas que ponderen su contribución dentro de la zona centro-oriental de la Cordillera Central. Se trata de un descuido académico que se traduce en la falta de documentación accesible para el estudio y conocimiento a fondo de las buenaventuras (o desgracias) del café, en dicha región.

Desde mediados del siglo XVIII se fue produciendo café en la zona montañosa de Patillas, con fines comerciales y domésticos.[83] Sin embargo, su cultivo no llegó a adquirir importancia económica significativa durante esos años. Más tarde, durante la segunda mitad del siglo XIX, Patillas, junto con el resto de los municipios de la Cordillera Central, comenzó a llenar sus lomas y barrancos de café; auge propiciado por la caída del precio del azúcar, lo mismo que por el aumento del valor del grano de café en el mercado internacional.[84] A partir del 1850, el precio del quintal de café (100 lbs.) fluctuaba entre los ocho y diez pesos;

---

83 Sued Badillo. *Sendero histórico*, 156.

84 Dietz. *Historia económica de Puerto Rico*, 81.

mientras que para 1870, lo hacía entre los catorce y veinte pesos por quintal.[85]

Tabla 2: **Volumen y valor de las exportaciones de café, años seleccionados.**
Fuente: Historia económica de Puerto Rico, James L. Dietz[86].

Año	Volumen(Lbs.)	Valor($)
1881	47,182,029	-
1895	39,683,160	5,640,055
1901	12,157,240	1,672,765
1905	16,949,739	2,141,019
1910	45,209,792	5,669,602
1914	50,311,946	8,193,544
1920	32,776,754	9,034,028
1925	23,782,996	6,575,635
1928	7,837,800	2,596,872
1929	1,278,666	458,924
1935	799,950	207,739

Durante la segunda mitad del siglo XIX, el café puertorriqueño había encontrado sus mercados principales en países tales como Cuba, Estados Unidos, España, Francia y Alemania. El café nacional era muy apreciado en Europa por su fuerte y exquisito sabor, aun cuando el mercado norteamericano favorecía el café suramericano, que era portador de un sabor más suave al paladar

85 Ibíd.
86 Ibíd. 119.

y ostentaba unos precios menos fuertes al bolsillo.[87] Esta es una de las razones que explican por qué menos del 1% de las exportaciones del café boricua iban dirigidas a Estados Unidos durante la última década del siglo XIX.[88] Tampoco debe extrañarnos el hecho de que algunos de los torrefactores, comerciantes y hacendados del café en Puerto Rico eran descendientes de emigrantes corsos o mallorquines, llegados a la Isla a principios o a mediados del siglo XIX.[89]

El carácter extranjero de todos ellos hacía posible los vínculos comerciales (más allá de los familiares) con esas islas mediterráneas (Córcega, Mallorca) y con la Península Ibérica. Comerciantes europeos y criollos comenzaron a invertir más en los barrios de las lomas, a medida que transcurría la segunda mitad del XIX. En comparación con el azúcar, el café no necesitaba de tanta inversión de capital para poder colocarse en el mercado. Además les permitía a los nuevos y pequeños caficultores que iban desarrollándose en la zona, combinar la producción cafetalera con otra de frutos menores. De esta forma, los mismos evitaban la poco conveniente dependencia de un solo cultivo. Es bajo esta perspectiva que se nos muestra el cultivo del café como una actividad secundaria pero importante, dentro de la agricultura de la loma.[90]

A partir de 1885 se comienza a utilizar con mayor frecuencia, en diferentes haciendas y estancias cafetaleras, una nueva maquinaria para secar y procesar el café. También, se desarrollaron nuevas líneas de créditos y se mejoraron las facilidades de

---

87 Ibíd.116. El café de Brasil costaba de $8 a $10, mientras que el boricua costaba entre $14 y $15 el quintal.

88 Ibíd., 117.

89 Carlos Buitrago Ortiz. *Los orígenes históricos de la sociedad pre capitalista en Puerto Rico* (Río Piedras: Ed. Huracán, Colección semilla, 1976), 19.

90 Dietz. *Historia económica*, 82.

transportación y mercadeo de este fruto.[91] Por tales motivos, el café de la Cordillera Central comienza a pespuntar con mucha fuerza en la economía de este periodo, logrando propagarse su cultivo a municipios tanto del oeste como del este de Puerto Rico. Es entonces cuando comienza el cultivo generalizado del café en Patillas.

La región centro-oriental de la Isla desarrolló una producción cafetalera concentrada en los municipios de Guayama, Arroyo, Patillas, Cayey, San Lorenzo, Maunabo y Yabucoa.[92] Para entonces, la Isla se dividía en 7 departamentos (hoy día *distritos*) y 70 poblaciones (hoy día *municipios*). Patillas se encontraba en el Departamento #7, cuya cabecera era Humacao. Dicho departamento estaba constituido por las poblaciones de Humacao, Las Piedras, Fajardo, Luquillo, Ceiba, Yabucoa, Maunabo, Naguabo y Patillas, y juntos constituían 82,251 habitantes, siendo el de Humacao el segundo departamento con menos población de Puerto Rico.[93]

En términos agrícolas, hemos pretendido comparar a Patillas con el resto de los municipios de este Departamento, según sus respectivas riquezas, tales como haciendas y estancias de café, lo mismo que según sus cultivos generales de frutos menores (hortalizas, legumbres y musáceos).

Según los datos del *Directorio Comercial*, de José Blanch, Patillas prevalecía en el Departamento #7 como el mayor poseedor de cultivos de café, siendo el único municipio que gozaba entonces (1894) de una hacienda cafetalera. En sus notas, Blanch no deja de acusar cierto entusiasmo, toda vez que hacer constar

---

91 Ibíd., 83.

92 Blanch. *Directorio Comercial é Industrial*, 14.

93 Ibíd. 14.

lo siguiente: "Hay además muchas fincas de café fomentándose y entre ellas algunas de importancia".[94]

A Patillas le seguían, en términos de producción cafetalera, el municipio de Yabucoa, con 1 estancia; Humacao, también con 1; y Luquillo, con 8 estancias dedicadas al cultivo del café y el cacao, a pesar de que en el desglose realizado por Blanch no se especifica cuáles y cuántas de esas haciendas estaban destinadas a uno y otro fruto en particular.

Los cultivos de café en Patillas se concentraron en distintos barrios del norte. Quebrada Arriba, Muñoz Rivera (el Real), Mulas y Marín fueron los barrios que dominaron la producción agrícola del café, desde finales del XIX hasta mediados del XX. Sin embargo, esto no significa que hayan sido los únicos barrios en sembrarlo, ya que sabemos que para 1910, en barrios como Jagual, Mamey y Apeadero había decenas de trabajadores dedicados a su cultivo.[95]

En 1893 atravesó la región el huracán San Roque, fenómeno atmosférico de categoría 2, según la escala Saffir-Simpson.[96] El embate de sus vientos, de unas 96 a 110 millas por hora, seguramente destruyeron algunas cosechas de café o parte de ellas, a lo que se pudo haber sumado el efecto de las lluvias que posiblemente afectaron temporeramente, con derrumbes, el paso de Guayama a Cayey a través del barrio Quebrada Arriba, ruta principal para la exportación del café de Patillas.

94 Blanch. *Directorio Comercial é Industrial*, 99.

95 *Censo de Puerto Rico de 1910*. Vol. 37, carrete: 019. CIHUPR, Río Piedras. 13/02/2013.

96 López Marrero y Villanueva y Colón. *Atlas ambiental*, 40.

Entrada hacia el barrio Mulas de Patillas. Al fondo se pueden observar las lomas donde se concentraba la producción cafetalera del barrio.

A raíz de la falta de torrefactoras en el pueblo, el grano de café se transportaba a Cayey, pueblo que dominaba las estancias cafetaleras de la Sierra. Este municipio poseía 45 estancias de café, superado por Caguas, que poseía 57.[97] Es importante aclarar que, a pesar del alto número de estancias cafetaleras en Cayey, gran parte de ellas eran de pequeña o mediana producción, resultando inclasificables dentro de una escala industrial.[98] Todo parece indicar que solo se consideraban *clasificables* los cultivos, cuando su producción alcanzaba grandes proporciones, posiblemente con fincas de 800 cuerdas de terreno o más, enteramente dedicadas a un monocultivo.

Este mismo ejemplo de grandes versus medianos y pequeños monocultivos de café ocurrió en Arecibo, tanto a principios

97 Blanch. *Directorio Comercial é Industrial*, 50.

98 Ibid., 51.

como a mediados del siglo XIX, cuando el 72% de la producción cafetalera estaba constituido por agricultores con fincas de menos de 30 cuerdas de terreno, siendo el 50% de las mismas de 8 cuerdas o menos.[99] Desde finales del siglo XIX hasta mediados del siglo XX, también encontramos este patrón agrícola (desproporcionado) en Patillas. Así, en los barrios Quebrada Arriba, Real, Mulas y Marín predominaron las fincas de pequeños y medianos cultivos de café, con producciones que no sobrepasaron las 100 cuerdas dedicadas a este monocultivo.[100] La estancia La Sofía fue la de mayor producción cafetalera de las montañas patillenses durante este periodo, aun cuando su producción no sobrepasó las 400 hectáreas de terrenos dedicadas a este cultivo.[101]

Años más tarde, a raíz de la invasión norteamericana de 1898, se realizaron varios informes para que los nuevos gobernantes conocieran de primera mano la situación económica, social e industrial de la Isla. El Dr. Cayetano Coll y Toste, Secretario Civil de Gobierno, fue uno de los designados para redactar un informe que describiera desde la perspectiva local la situación de la Isla a la llegada de los norteamericanos. En su informe de 1899, Coll y Toste se nutrió del censo poblacional del 31 de diciembre de 1897 (realizado bajo el gobierno autonómico), el cual ofrece una serie de datos cuantitativos sobre la población, agricultura e industrias de cada pueblo de la Isla.

---

99 Dietz. *Historia económica*, 81.

100 A finales de la década de 1970 y principios de los 80, la asociación Tropic Ventures adquirió 678.036 cuerdas de terreno ubicadas en el barrio Mulas, pertenecientes a la estancia La Sofía, la cual estaba inscrita a nombre de A. Cruet y había sido dedicada al cultivo de café hasta mediados del siglo XX. Hay copia de las escrituras (inscripción) de la finca en la oficina de Registro de la Propiedad en Guayama, folio 236, tomo 76. Finca # 1,191.

101 La estancia La Sofía, radicada en el barrio Mulas, estaba compuesta por 678.036 cuerdas, o sea, 266 hectáreas aproximadamente.

En el momento de la invasión, Patillas aún pertenecía al Departamento de Humacao, tanto en términos militares como políticos. Dicho departamento se mantuvo similar a como había estado constituido en 1894, excepto por Ceiba y Luquillo, que habían pasado a formar parte de otros departamentos. El lugar de ambos fue ocupado por las islas municipios de Vieques y Culebra.[102] Sin embargo, en términos generales, el cuadro económico de la región no había variado significativamente en esos últimos 5 años previos a la *Reseña* de Coll y Toste. Patillas continuaba prevaleciendo en la producción cafetalera del Departamento, con 1,032 cuerdas de terrenos destinados al café. Le seguían los pueblos de Fajardo, con 279 cuerdas cultivadas; Las Piedras y Yabucoa, con 198 cuerdas; y Naguabo, con 181 cuerdas.[103]

Debido al número de cuerdas cultivadas, Patillas contó con 2 establecimientos de café a finales de la década del 90, posiblemente con el fin de almacenar el mismo.[104] Además, estos números muestran cómo las estancias y haciendas dominaban la producción y posesión de cultivos de café, con más del 50% del total de cuerdas de terreno dedicadas a este fruto, en todo el municipio.

A diferencia del *Directorio Comercial* de Blanch, el informe de Coll y Toste resulta mucho más cuantitativo, aun cuando carece de notas al calce que puedan revelar mayores datos sobre el estado de las plantaciones y fincas del pueblo, a finales del siglo XIX. Los augurios positivos de Blanch sobre el desarrollo de nuevas fincas de café en Patillas a principios del 1890, parece que se materializaron, efectuando Coll y Toste la corroboración de los mismos con los números ofrecidos en su *Reseña.*

---

102 Domínguez Cristóbal, Panorama histórico forestal, 378.

103 Coll y Toste, *Reseña del estado*, 256-257.

104 Ibid. 257.

Otro de los informes que se sometieron al nuevo gobierno norteamericano fue el *Reporte sobre la Isla de Puerto Rico*, también de 1899, dirigido por el Dr. Henry Carroll. Nuevamente el café volvía a ser referencia significativa de un informe gubernamental, gracias a las declaraciones que realiza en el mismo el patillense Dr. José Amadeo, en marzo de 1899. Los comentarios que realizó Amadeo sobre el café en Patillas merecen ser citados textualmente:

> "En aumento cada año están en nuestras zonas de café; fruto que ha adquirido fama como uno de los más finos del mundo. Cultivado en nuestras montañas junto al cacao, es igual en calidad que cualquier café de Suramérica, esto se puede observar visitando cualquiera de nuestras plantaciones que existen en nuestro distrito"[105].

Café del huerto casero de Don Cirilo Figueroa, en Patillas.
Fotografía por Jorge Nieves Rivera.

---

105 Henry K. Carroll, **Report of the Island of Puerto Rico**, 108-109.

Para esta misma fecha, el municipio contaba con 1,031.48 cuerdas dedicadas al café, a lo largo de 37 estancias. Su producción superaba a la de Arroyo, San Lorenzo y Maunabo, pero no a la de Guayama, que contaba con unas 1,286.37 cuerdas dedicadas a dicho cultivo.[106] Datos como estos son los que nos llevan a reconocer la importancia que ocupó la siembra y cosecha del café en Patillas a finales del siglo XIX y principios del XX, aun cuando su cultivo —como dijimos— se vio afectado por el embate de poderosos huracanes que atravesaron de tanto en tanto el municipio, desde 1893 hasta 1928.

El 8 de agosto de 1899, azotó la Isla uno de los huracanes más devastadores de la historia ciclónica insular: San Ciriaco, clasificado como huracán categoría 4 según la escala Saffir-Simpson. Sus vientos pudieron oscilar entre las 131 y 155 millas por hora[107], y su trayectoria diagonal afectó la Isla de este a oeste, a través de toda la Cordillera central.

Según información recopilada por el Negociado del Tiempo —establecido en la Isla por el nuevo gobierno, en octubre de 1898— el huracán entró por algún punto entre Guayama y Maunabo, y salió por Aguadilla.[108] Todo el catálogo de las necesidades isleñas, creado a partir de la data recopilada por los informes de transición del nuevo gobierno, quedó prácticamente nulo a raíz de los evidentes daños, casi extremos, ocasionados a la riqueza agrícola de la Isla. Los cálculos del daño total ascendieron a unos 20 millones de dólares, reportándose además sobre 3,000 muertos como consecuencia del siniestro.[109] Sin embargo, los es-

---

106 Ibíd. 117-118.

107 López Marrero y Villanueva y Colón: *Atlas ambiental*, 40.

108 Stuart B. Schwartz, *El huracán San Ciriaco: desastre, política y sociedad en Puerto Rico; 1899-1901.* (Río Piedras: Revista Historia y Sociedad de la Facultad de Humanidades de la Universidad de Puerto Rico Año V, 1993), 130.

109 Ibíd., 129.

tragos de San Ciriaco no fueron homogéneos en todos los sectores agrícolas de Puerto Rico, habiendo sido las áreas altas de la Cordillera Central, productoras del café nacional, las más afectadas por el mismo.[110]

Esta foto muestra parte de los efectos del huracán San Ciriaco en el pueblo de Patillas. La fotografía original está identificada bajo el año 1898, lo que nos parece indicar un error en la clasificación de la misma. En otras fotografías sobre el efecto del huracán San Ciriaco en los pueblos de Guayama, Arroyo, Patillas y Maunabo del mismo propietario, aparecen identificadas bajo el año 1899. Foto suministrada por la colección privada de la familia Muñoz Gorgas.

Las pérdidas en la producción nacional de café se estimaron en unos 18 millones de dólares, lo que representó más de la mitad del total de pérdidas materiales estimadas.[111] La cosecha que

---

110 Ibíd.

111 Ibíd., 135.

cubriría la temporada de agosto a diciembre se perdió casi en su totalidad, dejando a miles de campesinos de todas partes de la Isla sin sustento. Ante este panorama aterrador, los patillenses no debieron haber tenido una suerte distinta a la de las casi 200 mil personas que se vieron sin alimentos y vivienda después del huracán.[112] Los agricultores de la loma se vieron en la necesidad de mudarse de sus respectivos barrios a otros lugares, tanto dentro como fuera del municipio. Algunos viajaron a Hawaii para trabajar en las producciones azucareras de allá, con la ilusión de comenzar de nuevo.[113] Otros bajaron del campo a la costa en busca de trabajo en el cañaveral.

El café que se sembraba en Patillas se tardaba aproximadamente de 3 a 4 años en producir. Pero a este hecho hay que sumarle el tiempo necesario para la siembra y cuidado de los árboles que, ubicados en los derredores de las plantaciones cafetaleras, producían la sombra necesaria para el crecimiento de los cafetos. Por tanto, parece ser que la recuperación total de una estancia de café se podía extender unos tres o cuatro años adicionales, para un total de 6 o 7 años aproximadamente.

Así pues, la recuperación de la producción cafetalera después del huracán San Ciriaco fue relativamente lenta y pausada. Gracias a la asociación coordinada de los campesinos de la montaña, estos lograron reunirse en las distintas plantaciones existentes y trabajar en equipo, a fin de lograr una pronta reconstrucción de las mismas. Es posible que estas alianzas entre vecinos agilizaron y maximizaron el restablecimiento de las diversas plantaciones para su pronta cosecha, ya que con seguridad la cosecha de café de la temporada de agosto-diciembre se había perdido casi en su totalidad después del ciclón.

---

112 Ibíd. 140.

113 Ibíd.

Foto de los efectos del huracán San Ciriaco en la propiedad de la Central Providencia, en el barrio los Pollos en Patillas. Foto suministrada por la familia Muñoz Gorgas.

Efectos del huracán San Ciriaco en el pueblo de Guayama. Fotos colección Fam. Muñoz Gorgas.

Efectos del huracán San Ciriaco en el antiguo malecón de Arroyo.

Bajo este escenario de recuperación económica, la familia Cruet llegó a los montes del barrio Mulas a principios del siglo XX, para producir café. Don Ambrosio Cruet Carrasquillo, natural de Guayama, compró una finca de más de 400 cuerdas a Valeriano Dávila, quien ya las había destinado al café y a frutos menores[114]. Cruet Carrasquillo continúo con los cultivos menores, pero priorizó en el cultivo del café como producto principal de La Sofía, nombre con el cual registró su nueva estancia.[115]

Los Cruet no residieron propiamente en Patillas, sino que se repartían entre Guayama y Cayey, siendo este último el muni-

---

114 Entrevista con Manuela Ortiz en enero 4 del 2013, realizada por Jorge Nieves Rivera.

115 El nombre de Sofía proviene por la esposa de unos de sus propietarios anteriores. Esta información fue suministrada por el Sr. Antonio Luis Navarro en entrevista con el estudiante Jorge Nieves Rivera.

cipio al cual era llevado el café de sus propiedades para ser procesado en la torrefactora de la familia Feo.[116] En esta torrefactora se recibía el café pergamino y el café uva[117], tanto de Patillas como de otros pueblos de la región centro-oriental. Desde allí, una vez listo para su mercadeo y consumo, el café era transportado hacia las casas comerciales de Guayama y otros municipios, las cuales se encargaban de su distribución y exportación hacia los puertos internacionales. El famoso comentario histórico de que el café de Puerto Rico se tomaba hasta en el Vaticano no se inventó en el vacío, sino al contrario: su origen se remonta a un periodo dorado de la producción cafetalera boricua, durante el cual Patillas y la estancia Sofía no estuvieron ausentes.

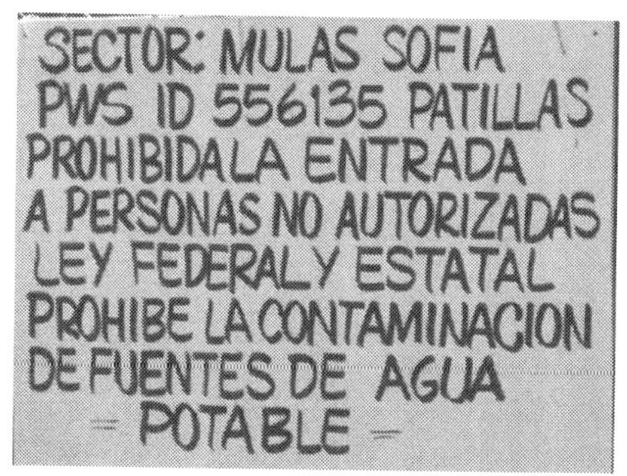

Letrero de la A.A.A. (Autoridad de Acueductos y Alcantarillados) que señala el acueducto del sector Sofía, en el barrio Mulas. Este es el único letrero actual que identifica el sector por su nombre.

116 Entrevista con el Sr. Cirilo Figueroa en febrero 16 del 2013, realizada por Jorge Nieves Rivera, estudiante de maestría.

117 El café pergamino era el café que ya estaba descascarado o despulpado, mientras que el café uva era el café cosechado sin descascarar o despulpar, es decir sin procesar.

En los terrenos de la estancia Sofía, Don Ambrosio *Cruel* (como comúnmente lo pronunciaba el agricultor patillense de la montaña) permitió el asentamiento de una decena de familias agregadas que, junto a los jornaleros, estaban encargadas de la cosecha y el mantenimiento de la finca. Dichas familias se procuraban el sustento diario con los huertos caseros que mantenían a pasos de sus bohíos; con suerte y dinero, llegaban a poseer alguna vaca o cabra para ordeñar leche fresca y elaborar productos derivados de la misma. Estos campesinos agregados, establecidos permanentemente en la finca durante el tiempo muerto de la cosecha, se dedicaban a la tala y el desyerbo de los cafetales, a fin de mantenerlos limpios para la temporada siguiente.

Los recolectores de café que no estaban agregados a la estancia, se veían en la necesidad de regresar a sus barrios o pueblos, en busca —posiblemente— de trabajo en la zafra azucarera, que comenzaba en enero y se extendía hasta el mes de mayo o junio. Estos correcostas, como les llama Fernando Picó, eran casi nómadas obreros a los que se les iba la vida entera entre la loma y la llanura, año tras año, zafra tras zafra, recogido de café tras recogido.

El café en las lomas de Patillas se recogía en latones de manteca o de galletas que tenían la medida equivalente a un almud[118], a falta de cestas confeccionadas con bejucos. Los latones llenos de café se pagaban entre 15 y 20 centavos, a principios del siglo XX.[119] El número de latones recogidos variaba según las condiciones físicas de cada trabajador y de cada finca, así como

---

118 Un almud tiene un peso de 25 libras.

119 El precio del almud en Utuado —para el 1917— era 14 centavos, y de 1920 a 1925 se pagaba en Patillas a 25 centavos. Ver: Fernando Picó, *Cafetal Adentro*; así como la entrevista realizada a la Sra. Manuela Ortiz por Jorge Nieves Rivera.

gracias a las condiciones del tiempo. Sin embargo, en días soleados el promedio oscilaba entre los 5 y 6 almudes diarios.[120]

Vista hacia el mar Caribe desde los terrenos de la antigua estancia Sofía. Desde la misma se puede observar claramente cómo parte del este de la Cordillera Central de Puerto Rico termina (o comienza) en el municipio de Patillas. Fotografía por Jorge Nieves Rivera.

La jornada de trabajo se extendía desde la alborada hasta pasado el medio día; y en noches de luna llena, la jornada se podía adelantar a la alborada, aprovechándose así la claridad e iluminación de la luna para recoger unos latones extras[121]. Los agregados con familias numerosas e hijos mayores de 7 años se beneficiaban aún más, debido a que integraban a los niños desde tan temprana edad al recogido de café. Los almudes recogidos por estos se sumaban a los recogidos por su progenitor, pagándoseles la misma cantidad por almud.[122]

---

120 Fernando Picó. *Cafetal Adentro: una historia de los trabajadores agrícolas en el Puerto Rico del siglo XIX* (Revista El Sol. Año XXX, núm. 1. 1986), 19.

121 Entrevista con el Sr. Cirilo Figueroa en febrero 16 del 2013, realizada por Jorge Nieves Rivera.

122 Picó, Cafetal adentro, 30.

La producción de café en la estancia Sofía se clasificaba como mediana, ya que no superaba las 700 cuerdas. Aun así, se desarrolló de manera constante pues, a pesar de los continuos huracanes, cambios en el valor del grano, cambios de gobierno y escasez de mano de obra, mantuvo una producción para el consumo local y las exportaciones fuera del municipio.

El 13 de septiembre de 1928, el devastador huracán San Felipe azotó las costas y montañas de Patillas. Según la escala Saffir-Simpson, su categoría era 5, con vientos que superaron las 155 millas por hora.[123] Nuevamente un fenómeno natural volvía a interrumpir la producción cafetalera patillense, ocasionándole a esta y a la agricultura en general, daños enormes.[124] Sin embargo, después de San Felipe, la Sofía logró recuperarse y continuar con su producción de mediana escala. A mediados del siglo XX, aún existía un ranchón en el cual se les ofrecía estadía a todos los obreros agricultores que venían a laborar en la cosecha de agosto a diciembre.[125]

Este ranchón era de 3 pisos y estaba construido de madera y zinc, con una zapata de cemento armado[126]. En el primer piso pernoctaban las mujeres; en el segundo, los hombres; y en el sóvatano —que funcionaba como semi-almacén y dormitorio de varones— se encontraban las perchas donde se depositaba el café, una vez recogido.[127]

---

123 López Marrero y Villanueva y Colón: *Atlas ambiental*, 40.

124 Ibíd.

125 Entrevistas a los señores Cirilo Figueroa, Celestino Lozada, Aguilino Santana y la Sra. Manuela Ortiz, durante el semestre de enero a mayo de 2013. Aún quedan ruinas de la zapata del ranchón, hecha de cemento armado.

126 Ibíd.

127 Ibíd.

Café silvestre en los predios de las ruinas de la estancia Sofía.
Fotografía por Jorge Nieves Rivera.

Sus huéspedes procedían de diferentes barrios del pueblo o también, de municipios aledaños al barrio Mulas. Cabe mencionar que este barrio colinda con varios municipios, por lo que seguramente esta proximidad entre uno y otros les permitía a los campesinos de Guayama, Caguas, Cayey, San Lorenzo, Yabucoa, e incluso Maunabo, llegar hasta la estancia Sofía a través de la carretera de Cayey, la cual había sido completada en 1890, facilitando el acceso a las tierras de la Sierra de Cayey[128].

Gracias a infraestructuras como esta, los obreros podían llegar hasta la loma para ganarse algún dinero durante la temporada de cosecha[129], aprovechando así el tiempo muerto de la caña. Además, este hecho evidencia la necesidad de mano de obra que existía en la estancia Sofía a raíz de su producción de más de 400 cuerdas de terreno. No obstante, en la periferia de la

---

128 Fernando Picó. *Cayeyanos: familias y solidaridades en la Historia de Cayey* (San Juan: Ed. Huracán, 2007), 75.

129 Entrevistas a los señores Cirilo Figueroa, Celestino Lozada y Aguilino Santana. El barrio Mulas colinda con Arroyo, San Lorenzo y Yabucoa.

Estancia se encontraban otros productores menores que también sembraban café. Entre ellos, Don Eladio Figueroa y sus 100 cuerdas de terreno dedicadas a diferentes cultivos.[130] Esta finca se dividía en dos partes: la primera constaba de 30 a 40 cuerdas dedicadas al cultivo de café; el resto del terreno se dedicaba al cultivo de plátanos, guineos, ñames, yuca, malanga, yautía, batata, arroz y habichuelas.[131]

Ruinas de la estancia Sofía, en el barrio Mulas en Patillas.

Según Cirilo Figueroa, hijo de Don Eladio, en su finca se recogían unos 2,000 latones de café anuales[132], promediando entre 15 a 20 quintales por año. Cultivos como estos le restaban mano de obra a la estancia Sofía, la cual era —como hemos visto— la mayor finca en el barrio Mulas dedicada al monocultivo del café.

---

130 Entrevista al Sr. Cirilo Figueroa, 16 de febrero de 2013.

131 Ibíd.

132 Ibíd.

Esa es la razón por la cual aumentó la población en la montaña, a finales del siglo XIX y principios del XX. Para 1897, la suma total de la población de los barrios de las lomas (Quebrada Arriba, Muñoz Rivera o *Real*, Mulas, Marín y Apeadero) era mayor (5,303 habitantes) a la de los barrios del llano, tales como Cacao Bajo, el *Pueblo*, Los Pollos, Bajos, Jacaboa y Guardarraya (4,642).[133]

Este foco poblacional fue producto del desarrollo cafetalero en las montañas de Patillas, que fomentó una circulación de campesinos a las zonas de la Sierra durante estos años reseñados. Sin embargo, otro factor que explica la alta concentración de familias residiendo en la montaña fue la extensión de los caminos Cayey-Guayama, a finales del siglo XIX.

En muchas ocasiones, las personas que residían en los barrios de las lomas tenían más fácil y rápido acceso por la montaña a los comercios, hospitales e iglesias de otros municipios colindantes, que muchos de los ciudadanos que residían en los mismos. La producción cafetalera alejada de los centros urbanos propició el desarrollo de sectores dentro de los propios barrios, creando nuevos y alternos pequeños núcleos urbanos, durante gran parte del siglo XX[134]. Estos pequeños núcleos estuvieron constituidos por personas de diferentes barrios, pueblos, costumbres culturales, estilos de vida, creencias religiosas y clases sociales. No obstante, todos tuvieron un denominador común: el trabajo en el cafetal.

El surgimiento de estos pequeños núcleos dio paso a nuevas costumbres y tradiciones propias, resultado de la convivencia en las plantaciones cafetaleras. Esas tradiciones no necesariamente

---

133 *Guía oficial general de Puerto Rico de 1897.* Copia facilitada por el Dr. Jalil Sued Badillo.

134 Fernando Picó. *Amargo café: los pequeños y medianos caficultores de Utuado en la segunda mitad del siglo XIX* (Río Piedras: Ed. Huracán, Colección Semilla, 1985), 31.

eran paralelas o estaban alineadas a las costumbres tradicionales del Patillas de finales del siglo XIX y principios del XX. Las costumbres y tradiciones cafetaleras de las lomas fueron desarrolladas casi de manera aisladas respecto al tradicionalismo del llano y sus centros urbanos, al grado de haberse constituido como una verdadera subcultura regional.

El obrero rural del café se vio amarrado a esta producción, limitándose a ciertas labores en particular y perpetuando así su posición de empleado. Las posibilidades de ascender en la escala social eran mínimas, dentro de este sistema pre-capitalista de producción, debido al bajo salario que devengaba y, en múltiples ocasiones, las pocas oportunidades que tenía de poseer su propia tierra.

Surge de este modo —entre muchos campesinos de las lomas—, la idealización de la tierra, entendida como fuente de sustento (y bienestar) por excelencia. Obtener dinero, comida o algún lugar donde vivir equivalía a trabajar la tierra. Los hijos de los campesinos eran criados bajo este ideal, siendo introducidos en las talas de café y otros frutos desde muy temprano. Antes que aprender a hablar correctamente, se aprendía a utilizar primero el machete. Y los primeros juegos y aventuras de los niños se desarrollaban debajo de cafetales y matas de guineo, con toda probabilidad.

Los niños que lograban asistir a la escuela tenían muchas veces que abandonarla antes del tercer grado, para poder ayudar a sus padres en el cafetal. Incluso cuando lograban finalizar el tercer grado, era muy alta la probabilidad de que el destino final de muchos estudiantes de las lomas fuese el cafetal, a raíz de la escasez de escuelas intermedias en muchas regiones montañosas de la Isla.[135]

---

135 Celestino Domínguez Gómes. "Frente al problema", (Pancho Ibero, mayo 3, 1919), 14.

Por ejemplo, Manuela Ortiz, del barrio Mulas, llegó hasta el tercer grado solamente, ya que era el más alto grado académico que se ofrecía en su escuelita rural, durante las primeras décadas del 1900.[136] Si hubiese querido continuar, hubiese tenido que caminar diariamente al pueblo a terminar los grados elementales, y luego viajar a Guayama, Caguas o Humacao para terminar los estudios secundarios.[137]

La lejanía de la loma respecto a los centros urbanos y la poca accesibilidad a medios de transporte adecuados, le restaban posibilidades educativas a un sinnúmero de niños y jóvenes de escasos recursos de la montaña. Las opciones se reducían a trabajar con el padre o la madre en algún terreno agrícola.

Doña Carmen enseñándole a su segunda generación a pilar el café, mientras Don Cirilo observa con atención. Fotografía por Jorge Nieves Rivera.

---

136 Entrevista a la Sra. Manuela Ortiz, 12 de enero de 2013, por Jorge Nieves Rivera.

137 La primera clase graduanda de cuarto año en una escuela superior de Patillas fue en el 1956.

Los valores alineados al estilo de vida de los padres agricultores de la loma eran transmitidos de esta forma, creándose la expectativa de vida según la cual la única prioridad era trabajar la tierra para obtener lo necesario para la subsistencia.

Bajo estas condiciones, los bienes materiales ocupaban un lugar secundario en la lista de prioridades: antes que estos, eran priorizados el trabajo, la tierra, la religión, la familia, el ganado y los gallos. Los bajos salarios restringían el poder adquisitivo de los campesinos, incluso respecto a artículos de primera necesidad como vestimenta, calzado y medicinas. Además, el frecuente endeudamiento con el ventorrillo más cercano a sus viviendas les limitaba el acceso al *fiao* (comprar a crédito), por lo que ocasionalmente se incurría hasta en el robo.

Las deudas entre los campesinos rurales eran muy comunes debido a diferentes factores. Después de la crisis económica de 1886, acrecentada durante la década de 1890 y agudizada durante los primeros años del siglo XX, tanto factores humanos como naturales afectaron la demanda del trabajo agrícola en las lomas.

A raíz de la falta constante de empleo durante esos años, muchos campesinos se desenvolvían económicamente gracias al crédito que les otorgaba el dueño del ventorrillo, quien a su vez podía ser el patrono y dueño de la finca para la cual trabajaban.[138] Este círculo vicioso económico se multiplicó a lo largo y ancho de los municipios de la Cordillera, en particular en aquellos de producción cafetalera, endeudando y empobreciendo a muchas familias que dependían del trabajo para poder pagar. Pero no solamente cayeron bajo estas condiciones los obreros agrícolas;

---

138 Ambrosio Cruet aparece como propietario de pulperías en el barrio Mulas de Patillas, durante las primeras décadas del siglo XX en Patillas. Guía Comercial de Puerto Rico 1931-1932.

también hubo dueños de medianas y pequeñas fincas que se vieron afectados por la crisis de 1886, endeudándose a su vez con las casas comerciales y las torrefactoras, al punto de que muchos se volvieron trabajadores asalariados, pequeños productores, e incluso, agregados.[139]

Este sistema agrario y capitalista de producción del café, representó una forma de transición económica entre un sistema de producción con características semi-feudales (servidumbre y nobleza) y un sistema agrario capitalista (demanda y oferta), variando de grado según el tamaño y localización de la estancia o hacienda, la cosecha, el acceso al crédito y la cercanía de los cultivos a las zonas urbanas[140]. De este trasfondo es que fue surgiendo la economía rural del siglo XX, en las lomas de Patillas.

A pesar de la importancia que tuvo el cultivo del café patillense dentro de la región centro-oriental de la Isla, desde finales del XIX hasta mediados del XX, no se pudo desarrollar una producción de café a mayor escala, como la que alcanzaron los municipios del oeste de la Cordillera Central de Puerto Rico. La falta de capital, crédito e incentivos gubernamentales, así como el constante azote de huracanes entre las categorías 2 al 5, crearon tropiezos suficientes para retrasar y dejar sin desarrollar una producción cafetalera de más de 1,000 cuerdas de terreno.

Sin embargo, la existencia de pequeños y medianos productores impidió que la sociedad cafetalera se polarizara entre grandes hacendados y comerciantes (de un lado) y peones asalariados (de otro).[141] Aun así, el 50% de la producción total del café provenía de una sola estancia.

---

139 Dietz. *Historia económica de Puerto Rico*, 82.

140 Ibíd., 85.

141 Picó. *Amargo café*, 29.

Café despulpado y seco, listo para el tueste, del huerto casero de Don Cirilo en el barrio Mulas. Fotografía por Jorge Nieves Rivera.

Después de la invasión norteamericana a la Isla, en 1898, la producción cafetalera jugó un papel secundario dentro del nuevo modelo económico que se estableció de inmediato. Las nuevas inversiones norteamericanas estaban enfocadas en la costa y no en la montaña, luego del huracán San Ciriaco (1899). La reconstrucción económica de la Isla se desarrolló bajo condiciones desiguales para los exportadores del café local, quienes van a verse en la obligación de costear los altos arbitrios impuestos por la nueva metrópolis. A raíz del cambio de soberanía, España catalogó a la Isla como un país extranjero, con lo cual Puerto Rico pierde las limitadas leyes que favorecían las exportaciones a la Península y a Cuba.[142]

A esto se añade el hecho de que el café puertorriqueño, a diferencia del azúcar, no gozó de la protección de los beneficios arancelarios establecidos a los productos exportados desde la Isla. De esta forma, el café boricua se veía en la necesidad de competir en el mercado norteamericano con las producciones

142 Dietz. *Historia económica de Puerto Rico*, 117.

de Suramérica y Centroamérica, que operaban a un costo menor al que exigía la producción del café del patio.[143]

Don Cirilo tostando su café a su propio gusto en el patio de su casa. Fotografía por Jorge Nieves Rivera.

Ante este cuadro, todo parece indicar que no muchos hacendados o propietarios de medianas y pequeñas fincas se lanzaron a reconstruir sus fincas priorizando en el café, después de 1898, ya que no muchos poseían el capital suficiente para arriesgarlo en la producción a gran escala de este monocultivo. La recuperación total de una estancia o hacienda cafetalera era lenta, y la falta de incentivos gubernamentales para su restablecimiento podía ser escasa o nula. Además, la posibilidad de que un ciclón destruyera los plantíos era muy alta, pues la cosecha del café coincidía con la temporada de huracanes, que en Puerto Rico va de junio a diciembre.

Por dichas razones es que fue decayendo la producción cafetalera en muchos de los barrios de Patillas, a lo largo del siglo

---

143 Ibíd.

XX. No obstante, la producción reducida de café continuó liderada hasta mediados del siglo XX por la estancia Sofía y los Cruet, en el barrio Mulas. Su café sobrevivió a los embates económicos y políticos de principios del siglo XX, aunque su producción resultó dificultosa tras el imponente paso por la zona de los huracanes San Felipe (1928) y Santa Clara (1956), los cuales significaron un duro golpe a la economía agrícola de la loma, ya maltrecha y adolorida desde el comienzo mismo de 1900.

Sin embargo, a pesar de su desaparición comercial, el café de las lomas de Patillas aún continúa siendo parte de los frutos menores que se cosechan en pequeños huertos caseros del barrio Mulas, donde los campesinos aún tienen el privilegio de colar su propio café en el patio de sus casas, tal como lo hacen Don Cirilo Figueroa y su esposa Doña Carmen Velázquez, en el sector Hicaco de dicho barrio.

Los granos de café se pierden durante los meses de agosto a diciembre, al caer de los cafetos silvestres que aún quedan en lo alto de la Estancia Sofía, nombre con el cual se le ha bautizado actualmente al sector donde ubicaba la misma. Allí se encuentran los restos de lo que fue una parte importante de la producción cafetalera de Patillas. Las ruinas de una vieja zapata construida con cemento armado, en lo alto de una loma hoy día arropada de árboles de majó y pino, ofrecen el testimonio anónimo de lo que fue dicha producción. Y los cafetos que aún crecen olvidados en el área son la mejor evidencia de lo fecunda e importante que resultó ser la historia de la producción cafetalera patillense, para la zona oriental de Borinquén.

Café patillense ¡*tostao y colao*!
Fotografía por Jorge Nieves Rivera.

Unidad II:

Detalles sobre la sociedad patillense de finales del siglo XIX y principios del XX (1887-1914)

Algunos datos demográficos importantes sobre el Patillas de finales del siglo XIX y principios del XX.

Para conocer un poco más afondo la sociedad patillense de finales del XIX y principios del XX es importante sopesar los datos demográficos que se generaban en el municipio por ese entonces. Aunque en el presente trabajo, al tratar temas previos, ya se han presentado números de la población de algunos barrios de Patillas a finales del siglo XIX, ahora se incluyen algunos datos más generales, que abarcan las décadas de 1878 a 1910, a fin de comprender a través de los mismos el flujo poblacional de los obreros de la loma. Esto nos permitirá entender con mayor claridad dónde se encontraban ubicados los núcleos sociales patillenses, durante dicho periodo. Igualmente, nos permitirá conocer las rutinas laborales de los campesinos y sus respectivas ubicaciones hogareñas.

En 1878, el teniente de infantería Manuel Ubeda y Delgado realizó un estudio geográfico y estadístico de Puerto Rico en el cual establece que Patillas contaba entonces con 9,235 almas, y que los barrios con mayor número de familias eran el Pueblo (casco urbano, con 333 familias) y Mulas (con 165). En tercer lugar se encontraban empates Guardarraya y Río Arriba, con 142 familias cada uno. De esta forma, de los cuatro barrios con mayor población ciudadana, 2 eran barrios azucareros y 2 cafetaleros. Así mismo, los 2 barrios azucareros correspondían al llano, y los 2 cafetaleros, a la loma.[144]

Según la *Guía Oficial General de Puerto Rico*, publicada 19 años después que el estudio de Ubeda, Patillas alcanzó una población de 11,469 habitantes, compuesta por 5,722 varones y 5,747 hembras[145], distribuidos por todos los barrios del municipio. Sin embargo, los barrios ubicados en las lomas y penillanuras (tales como Quebrada Arriba, Río Arriba —Real—, Mulas, Jagual, Cacao Alto, Marín Alto y Marin Bajo, Apeadero y Ríos) poseían en conjunto el mayor número de habitantes de Patillas, con unas 6,219 personas. Mientras que los barrios del llano, en conjunto, alcanzaban un total de 4,642 habitantes.[146] Todo parece indicar que Ubeda y Delgado presenta datos de las lomas de Patillas durante un pleno despunte poblacional.

El primer censo poblacional realizado por los norteamericanos en Puerto Rico, se llevó a cabo después del embate del huracán San Ciriaco, en 1899.[147] Este censo constituye la última evidencia de una fuente primaria, que da a conocer el final de una era para Patillas, comenzada indirectamente incluso antes de su fundación, bajo el dominio de España, y concluida con la llegada del nuevo sistema de dominación norteamericana, justo antes de terminar el 1800. Los datos del censo auspiciado por

---

144 Manuel Ubeda Delgado. *Estudio histórico, geográfico y estadístico de la Isla de Puerto Rico* (Edición facsímil publicada por la Academia Puertorriqueña de la Historia, 1998), 272.

145 *Guía Oficial General de Puerto Rico*, 1897. Edición facsímil suministrada por el Dr. Jalil Sued Badillo. 435-436.

146 *Guía Oficial General de Puerto Rico*, 1897. 435-436.

147 Departamento de Guerra de los Estados Unidos. *Informe sobre el Censo de Puerto Rico (1899)* (trad. Por Frank L. Joannini) Washington: Imprenta del gobierno. El censo se realiza en Puerto Rico durante los primeros meses del año y se extiende hasta el mes de mayo aproximadamente.

Washington ofrecen un cuadro bastante amplio de la situación laboral y educativa, así como de la tasa de natalidad y mortandad en la Isla. A pesar de su frialdad numérica, esos datos revelan también resultados bastante alarmantes en algunos renglones que se detallan a continuación.

En primer lugar, según este censo, de 1888 a 1898 podemos observar un descenso en el número de nacimientos, desglosado en la siguiente tabla:

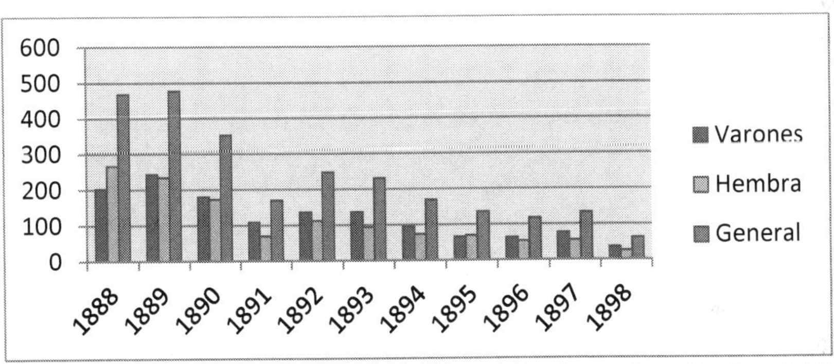

Nacimientos en Patillas, década de 1888 a 1898. Censo de población, 1899. Pág. 350

Los 4 años con menor tasa de natalidad, durante esa década, fueron el 1895, con 135 nacimientos; 1896, con 118; 1897, con 133; y 1898, con tan solo 62 nacimientos registrados.[148] Los nacimientos de varones superaron al de las hembras durante toda la década, con excepción de algunos años en que estuvieron parejos. Durante esta década (1888-1898) nacieron en Patillas unos 1,248 bebés, convirtiendo al municipio en el quinto con mayor número de nacimientos, dentro de la región geo-política del Departamento de Humacao. En cuanto a los nacimientos, Patillas

148 Censo de población, 1899, 350.

superó a municipios aledaños, tales como Guayama (con 906), Arroyo (con 590) y Maunabo (con unos considerables 1,006 nacimientos).[149]

Por otro lado, a diferencia de los nacimientos, las muertes en Patillas durante este periodo se mantienen en un constante subibaja que impide establecer una tendencia clara. No obstante, al igual que en cuanto a la tasa de natalidad, hay unos años alarmantes que presentan datos que sobrepasan la norma anual de defunciones. La siguiente tabla demuestra con mayor claridad cuál fue el comportamiento de estas, a lo largo de toda la década de 1888 a 1898, en Patillas:

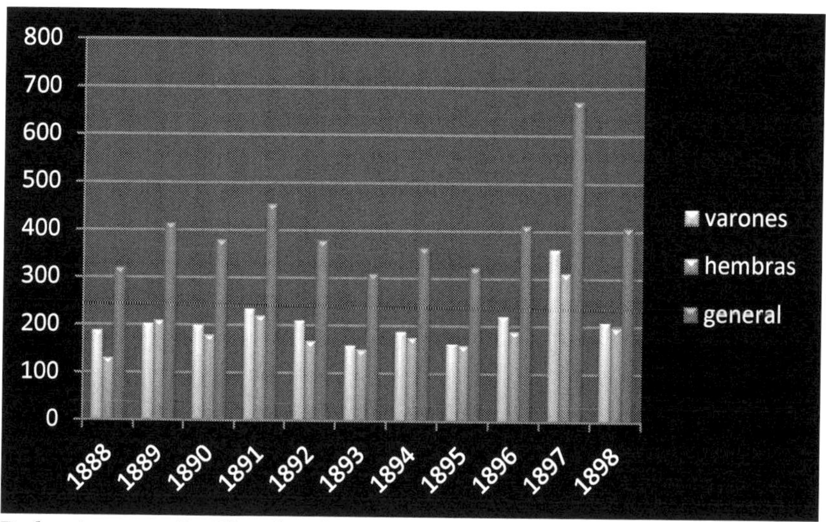

Defunciones en Patillas, década de 1888 a 1898. Censo de población, 1899. Pág. 355.

Los años con mayor número de defunciones fueron 1889, con 413; 1891, con 454; 1896, con 411; 1897, con 672; y 1898,

149 Ibíd.

con 407.[150] Durante esa década hubo un total de 2,094 personas fallecidas en Patillas, superando de esta forma el número de nacimientos para este mismo periodo, como se pudo apreciar en la tabla anterior. Con este número, Patillas se convertía en el cuarto municipio con mayor número de defunciones en el Departamento de Humacao.[151] Además, con estas cifras superó a los pueblos aledaños, tales como Guayama (con 2,046), Arroyo (con 846), Maunabo (con 1,121) e incluso San Lorenzo (con 1,765 defunciones).[152] Tal y como se deduce de este análisis censal, los años que van de 1895 a 1898 fueron los de menor expectativa de vida para los patillenses, con un total de 448 nacimientos frente a 1,813 defunciones.[153]

En 1982, el conspicuo historiador Fernando Picó aseguró en su charla "Mitos y realidades en la historia de la familia puertorriqueña en la zona cafetalera en el siglo XIX", que en la segunda mitad de siglo XIX:

> A través de la zona cafetalera puertorriqueña empeoraron las condiciones de vida. Las tasas de mortandad aumentaron; la natalidad disminuyó, enfermedades tales como la gastroenteritis, la tisis y la anemia se cebaron sobre el indefenso jíbaro. Los mugrientos bohíos, los tristes trapos que constituían la vestimenta habitual de los jornaleros, el analfabetismo generalizado, la ignorancia: esa era la realidad que nos narran Zeno Gandía, Nemesio Canales, Bailey K. Ashford y nos pintan Oller y Pou.[154]

---

150 Ibíd. 355.

151 Ibíd.

152 Ibíd.

153 Ibíd. 350-355.

154 Conferencia ofrecida por el Dr. Fernando Picó el 24 de noviembre de 1982, luego publicada por la revista Homines, de la Universidad Interamericana de Puerto Rico, recinto metropolitano, bajo el título: *Mitos y realidades en la Historia de la familia*

Esta imagen del campesino cafetalero que describe Picó es totalmente cónsona con los datos que el Censo de Población de 1899 ofrece sobre Patillas. Ambos, a su vez, coinciden con los comentarios hechos por el Dr. José Amadeo para el *Reporte de la Isla de Puerto Rico*, relativos al auge de la producción cafetalera de Patillas para ese periodo.[155] La siguiente tabla refleja la situación demográfica en este municipio, durante los años que van de 1878 a 1910. En la misma se puede observar que de 1890 a 1900, el crecimiento de la población se detiene, comenzando nuevamente a despuntar a principios del XX.[156]

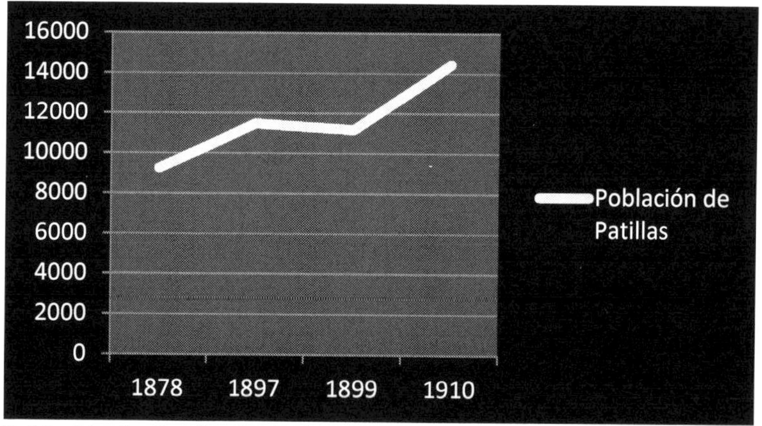

Población de Patillas desde la visita de Manuel Ubeda en 1878, hasta el Censo de Población de 1910.

---

puertorriqueña en la zona cafetalera en el siglo XIX. Año y número de publicación desconocidos. Copia suministrada por el Dr. Jalil Sued Badillo. 224.

155 Henry K. Carroll. *Report of the Island of Puerto Rico its population, civil, government commerce, industries, productions, roads, tariff and currency, with recommendations* (Washington: Government Printing Office, 1899), 108-109.

156 Ver el *Estudio sobre la Isla de Puerto Rico* del teniente Manuel Ubeda y Delgado, *Guía General de Puerto Rico* de 1897 y los *Censos de población* de los Estados Unidos de América de 1899 y 1910.

Se desconoce exactamente cuáles fueron las causas para esta disparidad entre el escaso aumento en la tasa de natalidad y el considerable incremento en el número de defunciones en Patillas. Fenómenos atmosféricos, epidemias, crímenes y la falta de servicios médicos pudieron ser algunas de las causas, de acuerdo a la data estudiada. Sin embargo, las pésimas condiciones de trabajo que se daban en la agricultura eran evidentes y, sin duda alguna, contribuyeron también a hacer de este periodo uno de los peores, en cuanto a la calidad de vida de los campesinos jornaleros de Patillas se refiere.

El número de personas fallecidas fue muy elevado a finales del siglo XIX y principios del XX, al punto de que se construyeron cementerios secundarios improvisados (alternos al cementerio municipal) en distintos barrios, tales como Quebrada Arriba y el sector Los Barros, del barrio Marín. Esto se debió a la frecuencia con que ocurrían las muertes en diferentes sectores, y por la distancia considerable que había que recorrer (con los inconvenientes y preparativos que ello implicaba), para llegar al cementerio municipal.[157]

Este es el mismo panorama y la misma radiografía que investigó el Dr. Fernando Picó hace ya treinta años en el oeste de la Cordillera Central, específicamente con el caso de Utuado. El escenario se repite en las plantaciones cafetaleras de la Sierra de

---

157 El cementerio de Quebrada Arriba se encontraba cerca de la quebrada del barrio, aledaño a los terrenos de la antigua finca de Ramón Gely. Luego del huracán Santa Clara (1956), la finca fue vendida a un caballero de apellido Cobián y sus terrenos fueron designados para caña y pasto para ganado. Ya para finales del 1930, el cementerio se encontraba abandonado y sus tumbas de cemento se encontraban cubiertas de limo y maleza. Testimonio oral de María A. Flores en entrevista con Jorge Nieves Rivera, 26 de octubre de 2013. En el sector los Barros del barrio Marín, en los terrenos de la finca del estadounidense Charles Beck, se encontraba un cementerio improvisado a causa de los muertos por la viruela de finales del siglo XIX y principios del XX. Testimonio oral de Benito Velázquez a Amelio Nieves Figueroa.

Cayey, que comprende los municipios de Guayama, Cayey, Caguas, San Lorenzo y Patillas. Las constantes lluvias en las lomas de Patillas alimentaban la humedad de los cafetales, creando condiciones favorables para el contagio y la propagación de enfermedades tales como algunas de las siguientes: bronquitis, asma, sinusitis, parasitosis, tifoidea, papera (farfallota), tuberculosis, gripe, y la micosis dérmica, llamada "mazamorra" entre el campesinado patillense. Las largas jornadas de trabajo, en conjunto con una dieta alta en almidón y baja en proteínas, pudieron haber ocasionado anemia, desgaste físico y desnutrición. Ciertamente, uno de los factores que pudo haber contribuido a la propagación de la tuberculosis fue la mala alimentación, así como la pobre higiene, el hacinamiento y la escasa información que circulaba sobre la enfermedad misma.[158]

La escasa asistencia médica y la falta de centros de traumas u hospitales en el pueblo, imposibilitaban las oportunidades de una medicina preventiva. El hospital municipal de Patillas se estableció en el 1907[159]; antes de esta fecha, las personas viajaban hasta Arroyo o Guayama para recibir atención médica. Mientras tanto, se recorría a los curanderos de barrio en búsqueda de algún remedio basado en la medicina herbal tradicional, los cuales resultaban poco efectivos ante tales enfermedades.[160]

---

158 Esta información fue corroborada con Gremarie Rivera Flores del Centro de Salud Familiar Dr. Julio Palmieri, en el pueblo de Arroyo. 26 de octubre del 2013. Además, sobre las condiciones de vida del campesinado cafetalero en la cordillera central de Puerto Rico ver Amargo Café y 1898: la guerra después de la guerra de Fernando Picó. Ed. Huracán.

159 Paulino Rodríguez Bernier, *Historia del pueblo de Patillas 1811-1945* (San Juan: Ed. Bibliográficas, Segunda edición, 2012), 84. El edificio se encuentra en el casco urbano del pueblo de Patillas, en la calle Muñoz Rivera esquina calle Guillermo Riefkohl. Allí se encuentran ubicado hoy día la biblioteca electrónica y el salón Estado del municipio. Para el 1890, la distancia entre el barrio Real y el casco urbano de pueblo era de 14km.

160 Fernando Picó. *1898: La guerra después de la guerra* (San Juan: Ed. Huracán, Cuarta edición, 2013), 31-32.

Otro reglón que merece especial atención es el que se refiere al aspecto educativo de Patillas. La escasa asistencia a la escuela por gran parte de la población, para finales del XIX, es dato que no debe pasar desapercibido, sobre todo porque sirve de ejemplo representativo de la situación general del País. Los datos que ofrece el Censo Poblacional de 1899 sobre la cantidad de niños que asistían a las escuelas, frente a aquellos que no lo hacían, revelan una tendencia clara a la deserción escolar a partir de los 10 años de edad del niño. Así, se trata de una tendencia que comenzaba en los grados primarios. El Censo muestra que en Patillas solamente asistían a la escuela 49 niños, entre las edades de 0 a 10 años, mientras que 3,648, no asistían. Por otro lado, de los niños mayores de 10 años solamente asistían 82, mientras que 6,681 no lo hacían.

La siguiente gráfica revela dramáticamente la data ofrecida por el Censo:

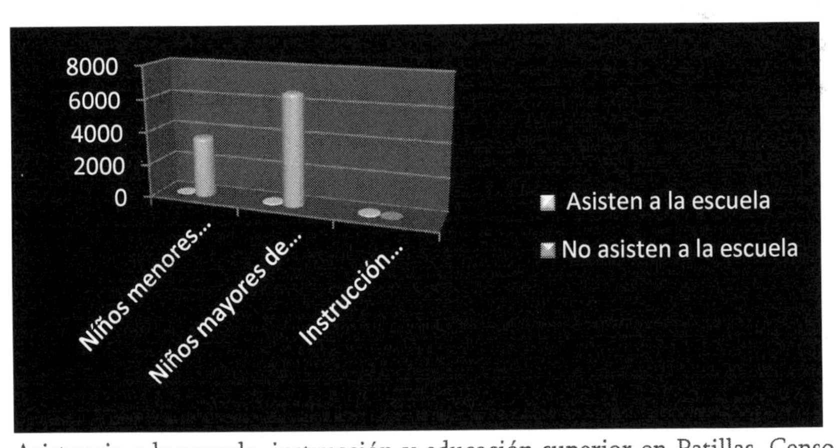

Asistencia a la escuela, instrucción y educación superior en Patillas. Censo de Población, 1899. Pág. 248.

Con estos datos, Patillas se posicionaba como uno de los pueblos del Departamento de Humacao donde menos niños asistían a la escuela.[161] Se desconoce hasta el momento con cuántas escuelas construidas Patillas concluyó el siglo XIX. Sin embargo, el teniente Manuel Ubeda y Delgado, durante su visita al Municipio Esmeralda, registró siete escuelas: una de varones y una de hembras en el pueblo, y cinco incompletas de construcción (de varones) en los barrios Real-Río Arriba, Jagual, Apeadero, Jacaboa y Guardarraya.[162]

Después de 1900, las escuelas que fueron construidas en diferentes barrios solamente llegaban hasta el tercer grado. Las de grados intermedios y secundarios escaseaban, o estaban ubicadas en los municipios cabeceras de los Departamentos, tales como Humacao o Guayama. Por esta razón, los campesinos mencionados —Manuela Ortiz y Cirilo Figueroa, del barrio Mulas— no pudieron pasar del tercer grado, habiendo sido su destino posterior, el cafetal (tal y como se comentó en capítulos anteriores).

Esto datos demográficos ofrecidos por la Guía General confirman la hipótesis de que el desarrollo de pequeñas y medianas producciones cafetaleras y de frutos menores, en los barrios mencionados, atrajo a cientos de braceros a la montaña a finales del siglo XIX y principios del XX, debido a las posibilidades de empleo que ofrecía.

La crisis económica de la caña llanera, en 1886, y la conexión con los pueblos del interior de la Sierra de Cayey, gracias a la construcción de diferentes carreteras en 1890[163], ayudó significativamente a fomentar la circulación poblacional hacia las lomas. La apertura de dichas carreteras tuvo como resultado un rápido acceso de los productos agrícolas de los barrios montañosos como Quebrada Arriba, Río Arriba y Mulas, a los mercados

---

161 Censo de Población, 1899, 248.

162 Ubeda y Delgado, *Estudio histórico, geográfico y estadístico de la Isla de Puerto Rico*, 271.

163 Fernando Picó, *Cayeyanos: familias y solidaridades en la historia de Cayey* (San Juan: Ed. Huracán, 2007), 89.

de la sierra. El café, por ejemplo, se llevaba a las torrefactoras de Cayey y de ahí se distribuía a los comercios. También, el acceso que tenía la gente de Cayey a los pueblos de Caguas, Río Piedras y San Juan, a partir de 1870[164], amplió las posibilidades de mercadeo de los productos agrícolas patillenses en las grandes ciudades.

No cabe la menor duda de que cientos de quintales de café, de legumbres y de racimos de plátanos y guineos patillenses fueron exportados por agricultores de la sierra hacia Cayey, en estos años de finales del siglo XIX y principios del XX. Todas esas verduras y frutos, en conjunto, fueron a parar a ventorrillos y pulperías de la Capital, además de ser vendidos en Cayey, desde donde se mercadeaban y transportaban hasta diferentes municipios, incluyendo San Juan. Más adelante se va repetir este mismo circuito comercial en la historia agrícola insular, pero con el tabaco cultivado en la mencionada región oriental de la sierra de Cayey.[165]

Hacia 1897, el barrio de Patillas con menor población era Egozcue, donde vivían solo 118 habitantes. En este barrio, ubicado al norte de Marín, se erige el pico más alto de Patillas, llamado La Torrecilla, el cual posee aproximadamente 2,000 pies de elevación sobre el nivel del mar Caribe. Comparada la población de Egozcue con la de los barrios de las lomas de la parte occidental de Patillas, tales como el Real, se descubre una disparidad en sus niveles de crecimiento.

Uno de los factores que podría explicar el hecho de que tan poca gente se encontraba viviendo en las lomas de Egozcue para este tiempo, lo es el pobre y mal estado en que tal vez se encontraban los caminos y las rutas que facilitaban el acceso comercial

---

164 Ibíd. 67.

165 Desafortunadamente no se ha estudiado a fondo la producción del tabaco en Patillas en los barrios de la montaña durante el siglo XX. Esto podría desarrollarse como un posible tema de investigación en el futuro.

entre Egozcue y los municipios colindantes, tales como San Lorenzo, Maunabo y Yabucoa. Dada la gran distancia entre Egozcue y el casco urbano de Patillas, que para 1884 equivalía al recorrido de aproximadamente 20 kilómetros, les resultaba más cómodo a los pequeños y medianos negociantes de ese barrio transportar sus mercancías hacia los comercios de los barrios Espino, en San Lorenzo; Guayabota, en Yabucoa; y Matuyas, en el municipio de Maunabo. La ruta de Patillas a San Lorenzo a través del barrio Marín, constituía el principal camino que comunicaba la costa patillense con el interior de la Isla.[166]

Se trataba de un camino de herradura que se convertía en senda, en algunos puntos de la ruta, de 27 kilómetros de largo. Su tránsito era dificultoso en tiempos secos, volviéndose intransitable durante la temporada de lluvias. La construcción de la carretera estatal de Patillas-San Lorenzo, a través de Egozcue, fue comenzada en el siglo XX[167], a diferencia de los barrios Quebrada Arriba, Real y Mulas, los cuales ya se habían adelantado en la posesión de una cómoda ruta que les garantizaba el flujo de sus productos agrícolas hacia la carretera Cayey-Guayama. El camino de herradura desde Patillas hasta el Real y Carite (atravesando por el barrio Quebrada Arriba) entroncaba con el camino de Cayey-Guayama en Carite. Desde allí, la distancia para llegar a la carretera central en Cayey era solamente de cuatro kilómetros, en 1886.[168]

---

166 San Juan Historic Site of Park Service, *Mapa Militar de la Isla, Comisión topográfica de 1884, Itinerario de Hato Grande o San Lorenzo a Patillas por camino de herradura.* Editor Luis González Vale (Madrid: Archivo cartográfico y de estudios geográficos del centro geográfico de ejército español). Sig. ant. C.9-N.8-31.

167 Paulino Rodríguez Bernier. *Historia de Patillas, 1811-1965* (San Juan: Ed. Bibliográficas de Puerto Rico, Segunda edición, 2012), 14. Esta carretera es hoy día la #181, que comienza en San Juan.

168 San Juan Historic Site of Park Service. *Mapa militar de la Isla, Comisión topográfica de 1884, Itinerario de Patillas a los barrios de Real y de Carite*, ed. Luis González

A diferencia del camino hacia Hato-Grande por el barrio Marín, este camino de herradura de Patillas hasta el Real y Carite, una vez que se unía con el camino de Cayey, se convertía en un camino carretero que facilitaba el tránsito de carretas hacia la llamada Ciudad de las Brumas. Además, las fincas principales de café —producto de mayor cultivo en las lomas de Patillas para este periodo— se encontraban ubicadas en los barrios que gozaban de dicho camino. Por lo tanto, el desarrollo poblacional de las lomas de Egozcue va a incrementarse a lo largo del siglo XX, y no a mediados del siglo XIX, como sucedió en otras lomas de Patillas.

Durante la transición del gobierno español al norteamericano, de 1898 a 1900, el Secretario de Gobierno de los Estados Unidos de América en Puerto Rico le solicitó a cada municipio un informe que detallara cuántos ciudadanos de sus correspondientes jurisdicciones eran contribuyentes mayores de 21 años, cuántos sabían leer y escribir y cuántos, sabiendo leer y escribir y teniendo más de 21 años, no eran contribuyentes. Según el informe sometido por el alcalde José L. Berrios, los barrios con mayores contribuyentes eran Quebrada Arriba, con 42; Marín, con 41; y el casco urbano, con 37.[169] Al mismo tiempo, Quebrada Arriba fue el barrio con el menor número de individuos no contribuyentes, contando con tan solo 2 individuos para ese entonces. Nótese el contrataste entre este barrio —que con 44 personas mayores de 21 años que sabían leer y escribir, contaba solo con 2 no contribuyentes— y el casco urbano, que con 218 individuos en iguales condiciones, solamente 66 eran contribuyentes y 152 no lo eran.[170]

Vale (Madrid: Archivo Cartográfico y de estudios geográficos del centro geográfico del ejército español). Sig. ant. C.9-N.8-49.

169 Rivera Arbolay. *Historia de Patillas*, 232.

170 Ibíd.

Aun cuando el centro del pueblo contaba con más ciudadanos que Quebrada Arriba, la tendencia del área urbana era hacia el aumento de personas no contribuyentes. Esto refleja las escasas oportunidades de poseer tierras, o incluso simples empleos, que confrontaban los pequeños y medianos agricultores, así como los obreros y comerciantes de las áreas limítrofes al casco urbano. La concentración de tierras en el llano y el control de los empleos agrícolas en esa área, a partir de 1853, van a estar férreamente asociados a una firma comercial, a saber: la *Sociedad Comercial, Sucesión C. y J. Fantauzzi.*

La historiadora Gloria A. Tapia, en su tesis de maestría sobre los orígenes de la central azucarera Lafayette en el pueblo de Arroyo, revela claramente cómo esa sociedad comercial-familiar adquirió y consolidó gran parte de los terrenos llanos de la región oriental de Puerto Rico, desde Arroyo hasta Maunabo[171].

La oportunidad de adquirir tierras para cultivo, por parte de los pequeños y medianos agricultores, era mayor en las tierras de las lomas de Patillas, a finales del 1800. El Dr. Sued Badillo en su *Sendero histórico de Patillas; el pueblo esmeralda*, señala que a finales del XIX este pueblo, en comparación con otros municipios aledaños, tuvo un mayor número de propietarios individuales y de fincas privadas.[172] La mayoría de estas fincas estaban destinadas al cultivo del café, el tabaco y frutos menores, lo que permitía un uso más eficiente y diverso de la tierra, en contraste con los monocultivos de los municipios vecinos.[173]

También el Dr. Picó, en su libro *Amargo café*, hace hincapié en el hecho de que este pequeño y mediano caficultor logró un

---

171 Gloria Tapia. *Orígenes y fundación de la central Lafayette*. Tesis de maestría para el programa graduado de Historia de la Universidad de Puerto Rico, recinto de Río Piedras (Centro de investigaciones históricas, #80), 13.

172 Jalil Sued Badillo. *Sendero histórico de Patillas; el pueblo esmeralda* (San Juan: Publicaciones Gaviota, 2012), 178.

173 Ibíd. 179.

desarrollo multi-agrícola en la loma, facilitado gracias a que la crisis del azúcar "suscita una coyuntura favorable que dirige el crédito de la costa hacia la montaña, dotando este de brío suficiente como para lograr su despegue económico".[174] Los datos de estos dos historiadores ayudan a interpretar la demografía dispar que hemos venido señalando respecto a los barrios de Patillas, la cual evidencia un foco poblacional considerable en las lomas del municipio, a finales del siglo XIX.

Sin embargo, varios factores económicos y naturales van a cambiar este foco poblacional predominantemente montuno. El paso del huracán San Ciriaco en 1899 y las nuevas grandes inversiones azucareras en el llano van a provocar la circulación de un indeterminado grupo de campesinos nuevamente hacia las penillanuras y los llanos de Patillas. Estos campesinos iban en búsqueda de nuevas oportunidades de empleo, ya que San Ciriaco había arrasado con la agricultura de la loma.

Según el censo de 1910, la población de Patillas constaba entonces de 14,448 ciudadanos. Con este número, Patillas sobrepasaba la población de los municipios aledaños, tales como Arroyo, San Lorenzo y Maunabo.[175] La llegada de nuevas inversiones norteamericanas permitió la construcción de obras públicas que facilitarían el desarrollo pleno de la nueva producción azucarera de la región. La construcción del embalse de Patillas y la extensión de las líneas ferroviarias desde la central Lafayette hasta las propiedades de la Felícita y la Providencia Sugar Company, atrajeron a un gran número de obreros, de diferente composición racial y social, a barrios como Marín Alto y Marín Bajo, el Jagual y los Pollos.[176]

---

174 Picó. *Amargo café*, 26.

175 *Censo poblacional del 1910*. Según el Censo, la población de Arroyo para el 1910 era de 6, 940, la de San Lorenzo de 14,278 y la de Maunabo de 7,106.

176 Ibíd.

En los Pollos, por ejemplo, la apertura de la Providencia Sugar Co. permitió la llegada de extranjeros norteamericanos y alemanes que venían a trabajar en alguno de los puestos de la colonia. Tal fue el caso de Guillermo Riefkhol y Mournier, de descendencia alemana, quien ocupó el puesto de administrador en dicha compañía hasta 1915.[177] Para la construcción del lago, a partir de 1910 llegaron a Patillas obreros, ingenieros, maquinistas y operadores de equipos pesados. Joaquín Davis, ciudadano de habla inglesa, fue uno de los extranjeros que llegó a Patillas para trabajar de maquinista en la construcción del embalse. Una vez finalizado el mismo, en 1914, se estableció en Patillas permanentemente, dedicándose a la transportación pública y al pequeño comercio.[178] Ambos son solo dos casos que empleamos ahora como muestra del impacto social que fomentaron indirectamente las nuevas inversiones de compañías norteamericanas, en la región sureste de Puerto Rico.

La circulación poblacional de la loma al llano continuó a lo largo del siglo XX, según iba creciendo el auge azucarero en la zona. No obstante, hubo personas que durante el desarrollo cafetalero de la loma, lograron obtener algunas cuerdas de terreno para vivirlas y cultivarlas. Esto evitó que muchos campesinos de las lomas se convirtieran en "correcostas" que desarrollaban su vida laboral entre las lomas y los llanos. Este fue el caso, por ejemplo, de Don Cirilo Figueroa, del sector Hicaco en el barrio Mulas. Gracias a que su padre pudo adquirir unas cuantas cuerdas de terreno a principios del siglo XX en dicho sector, se dedicó toda su vida ayudar a su padre en el cultivo, cosecha y mantenimiento de la finca. Una vez su padre fallece, Don Cirilo se hace cargo por completo del cuidado de la tierra, lo cual lo lleva

---

177 Rodríguez Bernier. *Historia de Patillas*, 15.

178 José N. Díaz Jiménez. *Memorias: el Patillas del ayer*. Editorial desconocida. Pág. 41.

a contratar a otros campesinos del barrio para que lo asistan en el mantenimiento de la misma.[179] Su sistema, que le permitió continuar con la producción de la finca, va a permanecer inalterado hasta mediados del siglo XX. No obstante, con el paso del huracán Santa Clara, Don Cirilo Figueroa se vio en la necesidad de abandonar por tiempo indefinido su finca, ya que el fenómeno atmosférico le echó a perder gran parte de su cosecha, compuesta de café y cultivos generales.[180]

Decenas de campesinos como Don Cirilo tuvieron la misma suerte de poder adquirir terrenos en las lomas, sin verse en la necesidad de convertirse en nómadas obreros subordinados a la zafra (de enero a mayo) y la cosecha (de agosto a diciembre), como sucedió con cientos de obreros a nivel nacional.[181]

A pesar de que el desarrollo industrial del llano, a lo largo del siglo XX, permitió una continua circulación de miles de familias hacia esa región, muchas otras optaron por permanecer en las lomas debido al éxito que alcanzaron sus pequeños modelos de agricultura sustentable. Y los que se movieron al llano, llevaron consigo todo un paquete de experiencias y conocimientos agrícolas y sociales que pondrían en práctica en dicha área. Lo cual explica en gran parte por qué Patillas, aún en el siglo XXI, posee una agricultura de cultivos generales en las lomas y el llano (aunque de menor escala, en comparación con un siglo atrás) y una población desparramada a lo largo y ancho de sus 16 barrios. Además, se deduce de estos datos el por qué se pueden observar matas de plátano y guineo, así como árboles de cítricos,

---

179 Entrevista a Don Cirilo Figueroa, el 13 de febrero del 2013, por Jorge Nieves Rivera.

180 Ibíd.

181 En los censos del 1910 y 1920, un gran número de caballeros que se dedicaban a labrar la tierra para el café en los barrios de las lomas y las penillanuras en Patillas, eran propietarios de alguna tierra y trabajaban por su cuenta.

en algunos *bateyes* modernos, específicamente en los patios traseros de las urbanizaciones del casco urbano.

El agitado ambiente político de Puerto Rico hacia finales del siglo XIX y su impacto en Patillas

A finales del siglo XIX, España concluía involuntariamente su dominación en el Caribe, después de 400 años de posesión. Puerto Rico y Cuba, sus últimas dos posesiones en América, se encontraban a punto de ebullición en términos políticos, sociales y económicos. La centralización del Gobierno, la falta de libertades comerciales y la restringida participación política de los criollos, quienes no podían acceder a los altos puestos gubernamentales, eran las trabas más significativas que sufrían los círculos políticos y económicos nativos, para ese entonces.

A pesar de la creación de los primeros partidos políticos, a partir del 1870, la participación política de los puertorriqueños en el gobierno insular no se traducía en la toma de decisiones, en cuanto a temas de economía y política se refería. El control político y comercial continuaba bajo el dominio de peninsulares, extranjeros y, de manera muy limitada, de los criollos. Los dos partidos políticos existentes, el Partido Liberal Reformista y el Partido Conservador, atravesaban por cambios ideológicos y de reorganización interna. El Partido Conservador, sobrevino a una pugna interna por la presidencia del partido a finales del 1885. Dicha pugna dejó fuera de la presidencia a Bastón Cortón, quien fue sustituido por Pablo Ubarri. Para intentar diluir esa fricción política en el seno de la colectividad, se reafirmó el programa ideológico del partido, centrado en el *incondicionalismo español*, término por el cual será reconocido desde entonces el Partido Conservador.[182]

Por otro lado, el Partido Liberal Reformista también fue escenario de cambios políticos durante la década de 1880. Los aires de autonomismo dentro del partido hacían aumentar el número de seguidores durante esa década. Las reuniones en diferentes pueblos de la Isla, así como las columnas periodísticas, se multiplicaban y eran promovidas por los mayores exponentes de esta ideología, tales como Román Baldorioty de Castro y Manuel Fernández Juncos. Sin embargo, el creciente ideal autonomista estaba dividido por dos facciones: republicanos y monárquicos. La facción autonomista republicana aspiraba a la autonomía, mientras la monárquica aspiraba a la asimilación política con España. Esta división fue uno de los factores que impidió reorganizar el partido en 1883 y que provocó la renuncia del presidente del mismo, don José de Celis Aguilera, en 1884.[183]

A raíz de estos sucesos, Román Baldorioty de Castro y un grupo de autonomistas idearon en noviembre de 1886 el Plan Ponce, destinado al diseño de la reorganización del Partido Liberal, y ejecutado en el Teatro La Perla de Ponce cuatro meses después. El surgimiento del ideal autonomista en la Isla coincide con el aumento de la crisis económica. La agricultura, la mayor fuente económica del País por siglos, atravesaba una difícil situación a raíz de la caída del precio del azúcar, que propició una significativa reducción en las exportaciones de este producto al mercado norteamericano. Los hacendados azucareros de diferentes partes de la Isla denunciaron la situación, y exigieron al gobierno soluciones inmediatas para resolverla. Por esta razón,

---

182 Fernando Bayrón Toro. *Elecciones y partidos políticos de Puerto Rico 1809-2000* (Mayagüez: Ed. Isla, sexta edición, 2003), 88.

183 Antonio S. Pedreira. *El año terrible del 87: sus antecedentes y consecuencias* (Río Piedras: Ed. Edil, 1968), 31.

en agosto del 1886 se reunieron en Aibonito, hacendados, comerciantes, industriales, economistas y financieros de varios pueblos de la Isla, con el fin de estudiar a fondo los problemas económicos de sus respectivas áreas.[184]

Las denuncias de los participantes giraban en torno a los problemas agrícolas y monetarios, entre los que destacaba la problemática contracción del crédito. En esta asamblea se aprobaron una serie de reformas y mociones, presentadas como recomendaciones económicas ulteriores dirigidas al Ministro de Ultramar, Segismundo Moret. Las recomendaciones propuestas por la asamblea de Aibonito planteaban un asunto medular: la necesidad de mayor autonomía administrativa para la Isla, con la cual se pudieran implantar soluciones a los problemas locales.[185]

Así, los criollos reunidos en dicha asamblea, a pesar de haber discutido principalmente temas de carácter económicos, hicieron énfasis en el tema del autonomismo político, a través del cual veían como posibles las reformas propuestas. Aún más, varias de las reformas económicas sugeridas fueron trasladadas a los objetivos del nuevo Partido Autonomista, establecido mediante asamblea en el municipio de Ponce, en 1887.[186] Incluso, varios de los líderes que asistieron a la asamblea de Aibonito pespuntaron luego como participantes destacados en la asamblea de Ponce. Por ejemplo, el Sr. Modesto Bird: agricultor, banquero y empresario que representó a Patillas en la asamblea de Aibonito, destacándose como vocal.[187]

---

184 Félix Mejías. *De la crisis económica del 86 al año terrible del 87* (Ed. Puerto, Río Piedras. 1972), 23-24.

185 Ibíd. 51.

186 Ibíd. 53-54.

187 Ibíd. 68.

Es preciso recordar que el naguabeño Modesto Bird se había establecido en el sureste de la Isla a comienzos del siglo XIX[188], donde se había convertido en uno de los hacendados más prominentes de la zona. Propietario de la hacienda Río Chico, en el barrio los Pollos, y alcalde de Patillas en 1872[189], fue parte de la directiva de los delegados que estuvieron reunidos en Aibonito. Como empresario y político, podemos inferir que conocía de cerca la situación política y económica de la zona, la cual seguramente expuso ante sus compañeros de la asamblea aiboniteña.

No obstante, Bird no era el único político liberal que habitaba en Patillas para este momento. En la asamblea de Ponce, en marzo del 1887, el Municipio Esmeralda estuvo representado por otros seis delegados, además de Modesto Bird: Don Arturo Ricci, el licenciado Don José Joaquín Vargas, Don Pedro J. Fournier, Don Francisco J. Amy, Don Fernando M. Toro y el doctor Don Eusebio Coronas.[190] De este grupo de delegados, los primeros dos (Bird y Ricci) fueron alcaldes del municipio en diferentes periodos, y se destacaron en el comercio local del pueblo por más de una década.

Como se dijo, el resultado de la asamblea de Ponce fue el surgimiento del Partido Autonomista, dirigido por Román Baldorioty de Castro. De esta forma, quedaba consolidado el movimiento autonomista puertorriqueño por primera vez en una organización política y con ello, una serie de ideas reformistas impulsadas por la élite dominante en el partido. Esta élite criolla

---

188 Para el 1903, encontramos que el Sr. Modesto Bird se encontraba radicado en el municipio de Guayama. Algunos datos nos parecen indicar que a pesar de que Don Modesto tenía sus intereses económicos y políticos en Patillas, su residencia era en Guayama. Para el Censo de 1910, Modesto apareció registrado en Guayama.

189 Sued Badillo. *Sendero histórico de Patillas*, 213.

190 Lidio Cruz Monclova. *Historia de Puerto Rico s. XIX* (Río Piedras: Ed. Universidad de Puerto Rico, 1971. Tomo III, tercera parte), 404.

demandaba cambios inmediatos a nivel nacional, fundamentalmente económicos y políticos, que garantizaran una mayor participación de los empresarios y políticos boricuas en dichas áreas. Esta homogeneidad ideológica alcanzada en Ponce permitió además matizar un sentimiento nacionalista que, desde mediados del siglo XIX, hacía énfasis en la vida de hacienda. La cultura de la hacienda había ganado hegemonía en la vida social de los políticos criollos, generando entre los mismos la concepción de una lucha ideológica entre puertorriqueños y peninsulares.[191]

Tras celebrarse la asamblea autonomista en Ponce, tuvo lugar una reunión secreta en las afueras del municipio, a la que fueron citados varios de los líderes que habían asistido a la primera. Una vez en el lugar, se les informó a los asistentes sobre la existencia de una sociedad secreta llamada La Torre del Viejo, la cual tenía como fin primordial el siguiente, parafraseado por el reconocido líder estadista José Celso Barbosa: "el auxilio, protección y mutua defensa entre los puertorriqueños para su progreso moral y material, a fin de salvar, así, su situación precaria económica, y de que volvieran a ser los dueños, siquiera en una pequeña proporción, de las fuentes de riqueza de su tierra".[192]

Esta sociedad estaba compuesta por personas de diferentes clases sociales, tales como profesionales, obreros, industriales, agricultores, blancos, negros, jóvenes y viejos. La misma tuvo sus centros de reuniones en diferentes pueblos de la costa y de las montañas de la Isla.[193] Sus integrantes utilizaron el método del boicot a todo lo relacionado con el comercio peninsular, favoreciendo exclusivamente los productos del comercio local. Dicho

---

[191] A. G. Quintero Rivera. *Conflictos de clase y política en Puerto Rico* (Río Piedras: Ed. Huracán, 1986. Quinta edición), 25.

[192] José Celso Barbosa. *Orientando al pueblo: la obra de José Celso Barbosa* (Derechos reservados de la edición bajo Obra de José Celso Barbosa. Impreso en Venezuela, 1939. Volumen IV) Pág. 244.

[193] Ibíd. 245.

boicot se formalizaba bajo juramento, por el cual los miembros de La Torre del Viejo estaban obligados a no realizar transacción alguna, ya fuese compra, venta o negocio cualquiera con aquella firma, tienda o corporación que no empleara a puertorriqueños, ni los aceptara como empleados.[194] Con este método se pretendía darle paso a la proliferación de casas comerciales, ventorrillos y pulperías boricuas, desplazando de esta forma los comercios que estaban vinculados con el gobierno peninsular.

Treinta años después de los terribles sucesos ocurridos en 1887, el Dr. José Celso Barbosa publica en el periódico *El Tiempo* una serie de artículos relacionados a La Torre del Viejo. Para subrayar su decidida afiliación a esa sociedad secreta, el líder político firma sus columnas periodísticas con el seudónimo de El Viejo de la Torre[195]. En sus columnas, Barbosa explica de la siguiente forma las razones por las cuales se creó La Torre del Viejo:

> La sociedad secreta la Torre del Viejo, conocida popularmente con el nombre de Los Secos y los Mojaos, fue producto de la época y de las circunstancias. Nació del calor del odio y apasionamiento producidos por la arbitrariedad y el despotismo. Era una defensa del pueblo, tal vez demasiado apasionada, de procedimientos radicales y de tendencia un tanto exclusiva y absorbente. Pero a esa sociedad pertenecíamos.[196].

La idea del boicot se propagó, y en diferentes lugares de Puerto Rico se les dieron otros nombres a los grupúsculos de

---

194 José Celso Barbosa, *Un hombre de pueblo. por Antonio S. Pedreira*_(Derechos reservados de la edición bajo Obra de José Celso Barbosa. Impreso en Venezuela, 1939. Volumen I.), 61.

195 Ibíd. 54.

196 Ibíd. 60.

miembros asociados con La Torre del Viejo, tales como La boicotizadora, Los Hermanos del Corazón Negro, el Centro Autonomista y Los Secos y los Mojaos.[197]

De otra parte, además del testimonio del Dr. José Celso Barbosa, nuestra historiografía cuenta con los apuntes de Félix Tió Malaret, también médico, quien dejó constancia de los objetivos de estas sociedades secretas, en un importante epistolario reunido y estudiado por el historiador Germán Delgado Pasapera.[198]

Dr. José Celso Barbosa, miembro de la sociedad secreta La Torre del Viejo.

Para Tió Malaret, miembro de La Torre del Viejo y del Partido Autonomista, además del boicot económico al comercio español en la Isla, se buscaba adelantar la causa de la independencia de Puerto Rico a través de medios económicos y no subversivos. Sobre este último tema, puntualizó lo siguiente:

---

197 Cruz Monclova, Lidio. *Historia de Puerto Rico s. XIX* (Rio Piedras: Ed. Universidad de Puerto Rico, 1971. Tomo III, primera parte), 72-73.

198 Germán Delgado Pasapera. *Puerto Rico: sus luchas emancipadoras 1850-1890* (Río Piedras: Ed. Cultural, 1984), 385-387.

> La Torre del Viejo era una sociedad secreta de fines políticos, aunque apelaba a medios económicos para arrojar a los españoles y a los conservadores lejos de nuestra patria. No podíamos hacerlo por medio de la fuerza, por medio de la revolución armada, y lo hacíamos imitando lo que estaba haciendo Irlanda para redimirse del dominio de Inglaterra. La Torre del Viejo estaba compuesta por elementos responsables, jóvenes y viejos, adalides de nuestras libertades, que tenían por único objetivo abatir el poder de nuestros enemigos políticos, valiéndonos de la única manera que podíamos hacerlo: auxiliando a nuestros paisanos patriotas en sus negocios y tratando de perjudicar en los suyos a los peninsulares y a los hijos del país que eran voluntarios.[199]

Las distintas reuniones y actividades clandestinas realizadas por estas sociedades en diferentes puntos de la Isla, pronto dejaron de ser tan secretas, al punto de que a las autoridades españolas locales les llegaron rumores sobre la existencia de las mismas. En medio del apogeo del autonomismo político y la formación de sociedades secretas, el español Romualdo Palacios, nuevo Teniente General, llega a San Juan para hacerse cargo de los designios de la Isla, a partir de marzo de 1887.[200]

Cónsono con la llegada del Teniente Palacios, la prensa de corte incondicional español no cesó de publicar columnas enteras en contra de sus adversarios políticos, los autonomistas. El Boletín Mercantil, La Bandera Española y La Integridad Nacional, fueron algunos de los medios escritos a través de los cuales se atacó el ideal autonomista, a cuyos partidarios se les acusaba

---

199 Ibíd. 386.

200 Cruz Monclova, *Historia de Puerto Rico, Tomo III*, primera parte, 78.

constantemente de ser separatistas y anti-españoles, así como de aspirar a un gobierno propio.[201]

Por su parte, autonomistas de distintos pueblos de la Isla rechazaron esas acusaciones. Utilizando el mismo método del Partido Incondicional, los autonomistas comenzaron a publicar en sus columnas periodísticas, así como en hojas sueltas, comentarios a favor y en defensa de su partido.[202]

De este modo, se genera un careo periodístico entre los partidos políticos del momento (no muy diferentes de los dimes y diretes actuales de la política puertorriqueña) que lleva al nuevo Teniente General, Romualdo Palacios, a ordenar que se instruyera un expediente sobre las actividades que realizaba el Partido Autonomista.[203]

Su directriz dio paso a una avalancha de informes redactados por varios alcaldes y capitanes generales de diversos municipios, en los cuales se atacaban principalmente las reuniones efectuadas por dicho partido. El primer informe de este tipo fue redactado por el alcalde de Juana Díaz, Don Policarpo Echevarría, quien le aseguraba al teniente Palacios que en su municipio eran muy frecuentes las reuniones secretas celebradas en el silencio de la noche, por individuos afiliados al Partido Autonomista.[204]

Otro de los informes incriminatorios fue redactado por el capitán don Francisco Hernández Ferrer, comandante del primer escuadrón de la Guardia Civil, quien afirmaba en su escrito que durante un viaje de inspección desde Río Piedras hasta Guayama había podido observar una cuantiosa propaganda autonomista,

---

201 Ibíd. 81-86.

202 Ibíd. 87-88.

203 Ibíd. 89-90.

204 Ibíd. 90.

así como un envalentonamiento entre las gentes, que les llevaba a expresar pública y frecuentemente sus ideales políticos.[205]

El alcalde de Guayama, don Agustín Calimano, secundaba los comentarios del capitán Hernández Ferrer al enviar noticias al Gobernador sobre reuniones celebradas en su municipio por parte de los autonomistas, sin el debido permiso de las Autoridades, en las cuales se pronunciaban discursos subversivos. El informe de Calimano cobra un alto valor histórico, pues él mismo detalla cómo ordenó el arresto de varios de los asistentes a dichas reuniones desautorizadas.[206]

Los alcaldes de Patillas, San Lorenzo y Humacao también enviaron notificaciones al Gobernador, informándole sobre la existencia de reuniones clandestinas de los autonomistas en sus municipios, y haciendo hincapié en la sospecha de que tal vez algún evento mayor se tramaba en el ambiente.[207] Mientras tanto, en Salinas, el aduanero del pueblo le comunicaba al teniente Palacios que por aquellas costas se proyectaba introducir un alijo de armas y pertrechos.[208]

Sin embargo, el informe que más detalles ofrece sobre las reuniones secretas de los autonomistas en la región sureste del País, es el que redactó el alcalde de Arroyo, don Marcelino Romaní[209], quien en su escrito puntualiza lo siguiente:

> Habiendo tenido conocimiento de que en la casa de don Ricardo Sánchez se celebraba una reunión autonomista, se había presentado allí, acompañado de la Guardia Civil, y había ordenado su suspensión porque los afiliados del

205 Ibíd.

206 Ibíd. 93.

207 Ibíd. 94.

208 Ibíd. 103.

209 Ibíd. 91.

> Partido Autonomista, desde las predicciones de los llamados prohombres, no cesan de hacerse propaganda entre los campesinos y jornaleros, inculcándoles el ningún respeto a las instituciones y autoridades, de la manera más inconveniente; El Partido Autonomista en este pueblo, Excmo. Sr., en su totalidad, lo componen negros de clase artesana y jornaleros, hombres, en fin, que no tienen instrucción y nada favorable se puede esperar, dando crédito, como dan, a las malignas ideas que les embullen, haciéndoles entender que tienen derecho, como hombres libres y ciudadanos, a tomar parte en la cosa pública, halagándoles de este modo.[210]

Informes como el del alcalde Romaní, fueron punta de lanza para que el gobernador Palacios se convenciera de la existencia de grupos subversivos en la Isla. A su vez, nos demuestra cuál era la situación política de Patillas y sus pueblos limítrofes. Desde el litoral hasta la loma del sureste de la Isla, se palpaba el malestar criollo ante el Gobierno Español. Recogedores de café, picadores de caña, taladores y artesanos, así como pequeños, medianos y grandes hacendados de café y caña estaban al tanto de las ideas autonomistas, y patrocinaban o criticaban de alguna forma el boicot a los peninsulares.

El desarrollo portuario de Arroyo, a partir de la segunda mitad del siglo XIX, no solamente allegó productos comerciales a sus costas, sino que además permitió la llegada de literatura, prensa e ideas renovadores que fueron circulando entre los residentes de toda la región. La histórica comunicación, tanto por la costa como por la montaña, entre Patillas, Arroyo y Guayama facilitó la movilidad de personas que estaban interesadas no so-

---

210 Ibíd. 91-92.

lamente en el trabajo y el comercio, sino también en la organización de reuniones y actos proselitistas afines a diferentes ideologías políticas. Es por esto que no debería extrañarnos la presencia constante de la Guardia Civil en la región, durante todo ese periodo histórico.

A partir de agosto de 1887, después de una extensa y concentrada campaña por parte de los incondicionales españoles en contra de los autonomistas, el gobernador Palacios lanzó una ofensiva persecución en contra de los miembros del Partido Autonomista. Con el pretexto de acabar con las sociedades secretas que alimentaban actos independentistas y anti-españoles, el gobierno de Palacios, a través de la Guardia Civil, intervino con distintos miembros del Partido Autonomista, registrando sus residencias y comercios, así como torturándolos o encarcelándolos. Entre quienes sufrieron estas vejaciones se encontraba el propio presidente del partido, Román Baldorioty de Castro. Junto a este prócer y la élite del Partido Autonomista, fueron arrestados en el castillo San Felipe del Morro, el Dr. Tomás Vázquez y Rivera y don Ulises Dalmau Poventud, ambos de Guayama.[211]

Hasta el momento no hemos encontrado evidencia de arrestos en el área de Patillas o Arroyo, más allá de las intervenciones mencionadas anteriormente. Sin embargo, todo parece indicar que sí hubo la presencia de sociedades secretas en Patillas, hacia 1887. Posiblemente don Modesto Bird y Arturo Ricci conocían de su existencia, al igual que los otros cinco delegados patillenses que participaron de la asamblea de Ponce, en marzo de 1887. Con mucha probabilidad, también los jornaleros y artesanos de las costas y lomas patillenses tenían conocimiento del boicot

---

211 Jalil Sued Badillo. *Guayama: notas para su historia* (San Juan: Publicado por la oficina de Asuntos Culturales de la Fortaleza, 1983), 110.

anti-español y de las reuniones secretas en que se discutía el mismo.

Las características socio-económicas de los miembros del Partido Autonomista en Arroyo, ofrecidas por el alcalde Romaní, evidencian una política en la zona mucho más inclusiva que en otras partes de la Isla, y pone de manifiesto la participación temprana de artesanos y jornaleros negros en las actividades políticas de la región. Así, no cabe la menor duda de que tanto en Patillas como en Guayama tuvo que haberse desarrollado una actividad política similar a la que acontecía en Arroyo. La cercanía geográfica, así como el fácil acceso de Arroyo a Patillas, no se propiciaba diferencias políticas abismales.

Sin embargo, a pesar del fuerte intento de Palacios por desaparecer la semilla liberal a través de la represión política, se generó un fuerte descontento en la mentalidad general puertorriqueña, abonado por un creciente anti-españolismo que obtuvo su mayor vigor durante la última década del siglo XIX. El malestar general hacia el gobierno español en los municipios de Patillas, Arroyo y Guayama se fue haciendo más palpable entre los ciudadanos a medida que con el paso del tiempo las condiciones políticas y económicas iban empeorando en la región. Ocho años después de las mencionadas intervenciones de la Guardia Civil, en 1895, Patillas y Arroyo fueron nuevamente escenario de una encarnizada persecución política contra residentes de ambos pueblos, por parte de ese cuerpo castrense. El viejo componte tocaba a la puerta y amenazaba con aniquilar cualquier cédula separatista. Solo que, en esta ocasión, los ciudadanos de Patillas y Arroyo estaban dispuestos a enfrentar la represión de cualquier forma, incluyendo el choque frontal contra la Guardia Civil.

Los arrestos de octubre de 1895

Como dijimos, a pesar de toda la represión política desatada en 1887 por parte del general Palacios, la semilla anti-española y el descontento político no desaparecieron totalmente de la Isla. A lo largo y ancho de todo Puerto Rico continuaron las demostraciones en contra de diversas políticas impuestas por el Gobierno. En 1894, ciudadanos de Mayagüez, Ponce y San Juan, se manifestaron en contra de los monopolios existentes en la producción de fósforos y en el comercio del petróleo.[212]

Periódicos de corte autonomista, tales como *La Democracia* de Puerto Rico, *La Voz de la Montaña* y *El Imparcial*, comenzaron a publicar columnas en contra de los contratos otorgados a compañías foráneas por parte del gobierno peninsular. Líderes autonomistas, tales como Manuel Fernández Juncos, Mariano Abril Ostaló y Luis Muñoz Rivera, fueron denunciados, multados o encarcelados por instar a las protestas a través de sus columnas periodísticas.[213] Sin embargo, dichas columnas fueron leídas en diferentes municipios, y muy pronto se logró percibir la repuesta de sus lectores. En diferentes puntos de la Isla, dueños de colmados, tabaquerías y tiendas dejaron de comprar fósforos de la compañía Bolívar Arruza y petróleo de la Standard Oil Company.[214]

Junto con esas manifestaciones, también se realizaron protestas en contra de algunos comerciantes y almacenistas peninsulares quienes, a falta de una moneda oficial acuñada por el gobierno, introducían la moneda mexicana conocida como real de

---

212 Lidio Cruz Monclova, *Historia de Puerto Rico s. XIX* (Río Piedras: Ed. Universidad de Puerto Rico, 1971. Tomo III, segunda parte), 210-217.

213 Cruz Monclova, *Historia de Puerto Rico, Tomo III*, segunda parte, 214-215.

214 Ibíd., 216.

vellón, y luego de ponerla en circulación se rehusaban a aceptarla al mismo precio, con el pretexto de que dicho vellón se encontraba fuera de circulación desde 1885.[215]

La estafa monetaria por parte de comerciantes y almacenistas extranjeros y locales, no quedó impune ante los ojos del pueblo consumidor. En el Viejo San Juan, por ejemplo, corrillos de ciudadanos lanzaron piedras sobre distintas estructuras, y sus gritos y silbidos se hicieron sentir frente a las viviendas de muchos de los líderes políticos de la época.[216] Ante la presión social, el gobernador Dabán y los presidentes de la Cámara de Comercio y del Centro de Detallistas se reunieron en La Fortaleza para legalizar la circulación de la moneda mexicana en la Isla, el 20 de octubre de 1894.[217]

Además de los monopolios mercantiles liderados por comerciantes europeos y de la falta de circulación de una moneda oficial, los residentes de Patillas tuvieron que lidiar con los nuevos impuestos que de 1890 a 1895 se establecieron al ron, las cervezas, el arroz y las carnes, a fin de cubrir el déficit presupuestario municipal de la época.[218] Por si fuera poco, en 1895 se estableció un nuevo impuesto a los bailes públicos y las nuevas plumas de agua.[219] De esta forma, la administración municipal patillense buscaba cuadrar su minúsculo presupuesto, intentando avivar una economía y una política colonial española que estaba a punto de expirar.

De este modo, el campesinado patillense se convertía en uno de los sectores más afectados durante la crisis de esos años. El

---

215 Ibíd., 223.

216 Ibíd., 223-224.

217 Ibíd., 225.

218 Ministerio de Ultramar, *Establecimiento del impuesto de consumos por el ayuntamiento de Patillas para el año de 1890-1895*, Dirección de Administración y Fomento (Madrid, 1895). www.pares.org.

219 Sued Badillo, *Sendero histórico de Patillas*, 176.

aumento de los precios del arroz, la harina de trigo y la manteca se hacía cada vez más incompatible con los bajos salarios de los campesinos y obreros de la loma y el llano: picadores de caña y recogedores de café que no ganaban lo suficiente para poder comprar los alimentos básicos de su dieta habitual.

La difícil situación económica y política de finales del siglo XIX se sintió en toda la Isla, y creó las condiciones idóneas para que los obreros comenzaran a organizarse para exigirles mejores condiciones laborales a sus respectivos patronos. A finales de 1894 y principios del año siguiente, se sucedieron múltiples huelgas y protestas laborales, tanto en los municipios montañosos como en las costas.[220] Así, los campos de Patillas cobraron particular importancia como lugares escogidos para reuniones obreras, durante la primera huelga general de 1895.[221] La conciencia de clase reflejada en los campesinos de Patillas se vino desarrollando desde mediados del siglo XIX, con un antecedente notable sucedido en la hacienda La Felícita en 1874.

Además, en un municipio tabacalero como Patillas, no era de extrañar que despalilladores, vendedores y recolectores de tabaco que iban a trabajar a las fábricas en Cayey, supieran de los diferentes movimientos obreros que se estaban desarrollando en la Isla, gracias a los lectores que había en esas industrias de tabaco.[222] Durante la década de 1890, literatura de corte socialista y anarquista se estaba introduciendo a la Isla por diferentes puertos[223], entre los que hemos mencionado más arriba el puerto

---

220 Gervasio García y A.G. Quintero Rivera. *Desafío y Solidaridad: breve historia del movimiento obrero puertorriqueño* (Río Piedras: Ed. Huracán, 1997), 27.

221 Héctor Feliciano Ramos. *Factores precipitantes de la carta autonómica.* Ponencia publicada en el libro *Centenario de la Carta Autonómica (1897-1997)*, editado por Juan E. Hernández Aquino (San Juan: Círculo de Recreo de San Germán, coauspiciado por la Fundación Puertorriqueña de las Humanidades, 1998), 5.

222 Jorell Meléndez Badillo. *Voces libertarias: orígenes del anarquismo en Puerto Rico* (Santurce: Ediciones C.C.C., 2013), 70-73.

223 Meléndez Badillo. *Voces libertarias*, 83.

de Arroyo, el cual no estuvo exento de recibir todo tipo de literatura de corte izquierdista, proveniente de diferentes partes de Europa y América. Además, en dicho municipio hubo diferentes imprentas, establecidas desde 1871[224], las cuales facilitaban la reproducción de diferentes periódicos, libros, hojas sueltas y pasquines con todo tipo de material proselitista.

A la tensión en el ambiente laboral de la región contribuyó también el estallido en Cuba de la segunda Guerra de Independencia, en febrero de 1895. Ese conflicto político-militar propició un verdadero estado de paranoia en las autoridades españolas de Puerto Rico. Noticias de todo tipo comenzaron a circular en diferentes periódicos y círculos sociales locales, por lo que a partir de febrero de 1895[225] el gobierno insular trató de imponer un control muy restrictivo a la prensa, sobre todo, en cuanto a la reproducción de noticias de corte militar se refería. Las noticias llegaban a través de cartas, cables y prensa escrita desde la Habana, Nueva York y Saint Thomas.[226]

Irónicamente, a pesar de las censuras, multas, encarcelamientos y confiscaciones de material de imprenta, desde el mismo 1895 hubo un aumento en la publicación de periódicos que fueron impresos diariamente, semanalmente y bisemanal.[227] El periódico *La Correspondencia* marcó el inicio de una nueva prensa que se hizo accesible a todo público por lo barato de su edición diaria, cuyo costo era un centavo por ejemplar.[228] De esta

---

224 Roberto Ramos Perea. *Literatura puertorriqueña negra del siglo XIX escrita por negros: obras encontradas de Eleuterio Derkes, Manuel Alonso Pizarro y José Ramos Brans* (San Juan: Editorial LEA, Ateneo Puertorriqueño, 2009), 19.

225 Carmelo Rosario Natal. *Puerto Rico y la crisis de la Guerra Hispanoamericana 1895-1898* (Hato Rey: Editado por Ramallo Brothers Printing, Co, 1975), 50.

226 Ibíd, 50.

227 Antonio S. Pedreira. El periodismo en Puerto Rico (Río Piedras: Ed. Edil, 1969), 260-267.

228 Pedreira. *El periodismo en Puerto Rico*, 261-262.

forma, las noticias del País y del extranjero se difundían con mayor frecuencia, no solamente en las grandes ciudades, sino también en los pueblos pequeños, fuera de los municipios de cabecera. Tarde o temprano, los patillenses del pueblo y la montaña se iban enterando de los acontecimientos en Cuba y el resto del continente americano.

Tan pronto se conocieron en Patillas las noticias sobre la segunda Guerra de Independencia, tanto miembros del Partido Incondicional como del Partido Autonomista comenzaron a hacer colectas para sufragar los gastos de las tropas que partían hacia la Manigua, ya a apoyar a los españoles, ya a combatir junto a los rebeldes.[229] Es decir, además del apoyo a las tropas españolas por parte de los incondicionales, jóvenes puertorriqueños se enlistaron en las filas rebeldes cubanas en apoyo a los insurrectos cubanos, dispuestos a combatir bajo las órdenes de José Martí y del puertorriqueño Juan Rius Rivera.

Según el periodista José Dávila Ricci, su tío materno, Antonio Ricci, partió hacia Cuba junto a otros compueblanos para luchar por la libertad de esa Antilla.[230] Su caso fue uno entre tantos que muestran cómo el ideal separatista reaparecía nuevamente en la política pública de Puerto Rico y, por extensión, en el pequeño microcosmos de Patillas. Es importante insistir en el hecho de que, junto a los incondicionales y autonomistas, los separatistas se hicieron sentir con mucha fuerza durante el transcurso de los meses de 1895.

En agosto de ese mismo año, comenzaron a circular insistentemente rumores de que una revolución en Puerto Rico estaba a punto de estallar, supuestamente apoyada por expediciones de

---

229 Cruz Monclova. *Historia de Puerto Rico, Tomo III*, segunda parte, 266.

230 Rivera Arbolay, Pedro J. *Historia de Patillas.* Ed. Alfa y Omega, Santo Domingo. 1999. Pág. 129. Este dato también se corroboró con el Dr. Feliz Ojeda Reyes, biógrafo de Ramón Emeterio Betances. El mismo aún se encuentra bajo investigación.

filibusteros embarcadas desde México.[231] Tales rumores se comentaban en los cuatro puntos cardinales de nuestra Isla, al punto de que el gobernador Gamir se vio en la necesidad de reforzar la vigilancia en las costas y pueblos de todo el territorio insular, como medidas de prevención ante tales sospechas.[232]

La incertidumbre y la preocupación comenzaron a multiplicarse cuando la prensa local comenzó a publicar columnas sobre la existencia de sociedades secretas. Las editoriales conservadoras, dirigidas por los incondicionales, llevaron la voz cantante en ese concierto de rumores. Las constantes columnas de *La Correspondencia* y otros órganos incondicionales, publicaban noticias de las frecuentes intervenciones que realizaba la Guardia Civil contra sociedades secretas reunidas en diferentes municipios. En Añasco y en Vega Baja se denunció la propaganda a favor de los separatistas cubanos[233]; y en Caguas se intervino con las haciendas de Vicente R. Muñoz y de Nicolás Quiñones Cabezudo, ante sospechas de que almacenaban armas para la revolución separatista.[234]

Sin embargo, el punto culminante de este escenario de protestas, revueltas y rumores llegó el 17 de octubre de 1895, día en que la Guardia Civil se dispuso a poner bajo arresto a un grupo de ciudadanos vinculados a las mencionadas sociedades (reuniones) secretas. Los arrestos se efectuaron en el municipio de Arroyo, específicamente en el barrio Yaurel,[235] justo en la colindancia con los barrios patillenses de Quebrada Arriba y el Real (Muñoz Rivera). A partir de 1883, existía un camino de herradura que iba desde Quebrada Arriba hasta el barrio de Yaurel, a

231 *La Democracia*, 22 de octubre de 1895, 4.

232 Rosario Natal. Puerto Rico y la crisis, 70.

233 Ibíd., 70-71.

234 Ibíd.

235 Cruz Monclova. *Historia de Puerto Rico, Tomo III*, segunda parte, 302.

través del pico homónimo (Yaurel).[236] Esto le facilitó a la Guardia Civil los arrestos de los varones acusados en los barrios de Quebrada Arriba y Mulas. Así pues, estos arrestos iban dirigidos a individuos tanto de Arroyo como de Patillas, ya que en ambos pueblos existían sociedades secretas compuestas por artesanos, obreros, agricultores y profesionales de todo tipo.[237]

Después que la Guardia Civil arrestó a los sospechosos, se dispuso a trasladarlos a la cárcel de Guayama. Sin embargo, a medio camino entre Arroyo y Guayama, residentes de la región decidieron enfrentar a la Guardia Civil para liberar a los arrestados. En el enfrentamiento, como era de esperarse, hubo gritos, macanazos, pedradas y moretones, con el triste resultado de que los compueblanos no lograron liberar a los detenidos, sino al contrario: la suma de los mismos se duplicó.[238] Según el periódico *La Democracia*, la casa de un súbdito francés (Luis Mentria) ubicada en Arroyo, tuvo que ser utilizada como cárcel provisional, llegándose a encontrar en ella un número indeterminado de campesinos[239], cuyo destino final era la prisión de Guayama. No obstante, es muy probable que tras los enfrentamientos entre ciudadanos y la policía, hubiera un cambio de planes por parte del capitán Antonio Covas y el sargento Luis Barceló, debido a motivos de seguridad.[240]

Los periódicos, tanto los de corte incondicional como los autonomistas, se distanciaron de los sucesos, reseñando los mismos como casos aislados sobre los que no se poseía suficiente evidencia. *La Democracia* redactó, en una columna del 22 de octubre de 1895, lo siguiente:

---

236 Mapa Militar de la Isla, Sig. ant. C.9-N.8-49.

237 Rodríguez Bernier. *Historia de Patillas*, 45-46.

238 Cruz Monclova. *Historia de Puerto Rico*, Tomo III, segunda parte, 302.

239 *La Democracia*, 22 de oct. De 1895.

240 Ibíd.

> Graves noticias son las que recibimos del pueblo de Arroyo. Dícese que en un barrio de aquella jurisdicción se ha descubierto una sociedad secreta, y que con tal motivo han salido para aquel punto fuerzas de la Guardia Civil y voluntarios.[241]

A lo cual agregaba que:

> Han llegado rumores de que los arrestados habían sido sometidos a métodos inquisitoriales para arrancarles ciertas declaraciones. Ya comienza a dar fruto las miserables maquinaciones de unos cuantos desalmados, que, en sus inicuos propósitos de venganza, pretenden que los pacíficos habitantes de esta tierra, tan hidalga como tan sufrida, paguen los vidrios rotos de las revueltas en Cuba.[242]

La Correspondencia, por su parte, reseñaba la noticia desde la óptica del gobierno, con comentarios peyorativos sobre los arrestos de Arroyo y Patillas. Un día después de lo sucedido, publicaba una columna titulada "Cuidado, mucho cuidado" en la que explicaba lo ocurrido en ambos municipios:

> Desde ayer oímos decir que por Arroyo habían tenido lugar hechos que revestían carácter de gravedad. Hablase de una conspiración descubierta, de papeles sorprendidos, de cartas interceptadas, de prisioneros hechos y aún de choques con la benemérita Guardia Civil. Nada de esto nos ha dicho nuestro corresponsal de aquel pueblo, lo cual, por lo menos, nos parece bien extraño.[243]

---

241 Ibíd.

242 Ibíd.

243 *La Correspondencia*, 20 de octubre de 1895.

A pesar de su incredulidad inicial con respecto a los sucesos, varios días después el periódico tuvo que admitir la veracidad del asunto. El 21 de octubre, en una columna titulada "Lo de Arroyo", reconocía los hechos ocurridos, aunque exigiendo evidencias que fueran más allá de los rumores de los corresponsales. Asimismo, en el artículo se dudaba de la importancia de los eventos, ya que en Arroyo no solo predominaba el ideal incondicional, sino que además:

> La mayor parte de los detenidos son personas de poca importancia que ni si quieran saben leer ni escribir. Y esto no solo llama la atención de los autonomistas, que así lo dicen por todas partes, sino de muchos incondicionales amantes de la paz del país y de la armonía social. ¡Se le ha sacado tanta punta a esto de las sociedades secretas en Puerto Rico![244]

El propio gobernador de la Isla, el general don José Gamir Maladeñ, también realizó declaraciones en la prensa escrita, específicamente en *La Gaceta de Puerto Rico*, con las cuales hizo referencia a los incidentes de Arroyo y otros sucesos de importancia que estaban ocurriendo durante esos días. Las palabras del Gobernador merecen ser citadas textualmente:

> Punibles hechos en los que entienden ya los tribunales, han venido recientemente a comprobar el convencimiento que ya poseía de que existen en la Isla hombres perversos que, abusando de la sencilla credulidad innata en el honrado campesino puertorriqueño, han constituido asociaciones secretas, y como tales clandestinas, cuyos fines amenazan por igual los fundamentos de la sociedad y

---

244 Ibíd.

> a la bandera que tremola en esta noble provincia donde es signo de paz, prosperidad y progreso.[245]

Las declaraciones del gobernador eran más que claras: existían sociedades secretas en la Isla, y las mismas estaban compuestas por campesinos y dirigidas por una élite puertorriqueña. Ante estas afirmaciones, el Gobernador les recordó a los jefes, oficiales y comandantes de la Guardia Civil, así como a la policía municipal, que sujeto a las leyes establecidas, las reuniones y asociaciones entre personas eran ilícitas si no se verificaban en el domicilio.[246]

Con sus declaraciones, el general Gamir Maladeñ evidenciaba la paranoia gubernamental respecto a la existencia de sociedades secretas en la Isla. Sin embargo, la guerra en Cuba y la popularidad creciente de los eventos, explicaban los comentarios escritos de Gamir. Las expresiones del Gobernador pretendían servir de bálsamo a un pueblo oprimido, insatisfecho y molesto con la situación política, económica y social de la época.

Una vez puestos en libertad los detenidos en Arroyo y Patillas, contra los que nunca se presentó evidencia concreta[247], la prensa autonomista celebró con júbilo la excarcelación de los mismos, haciendo alardes de sus comentarios ideológicos. *La Democracia* se adjudicaba un triunfo, toda vez que el tiempo le daba la razón sobre sus denuncias ante la falta de evidencia contra los acusados. Sin embargo, la celebración de los autonomistas duró poco, ya que nueve meses después de su excarcelación, en julio de 1896, los liberados en los incidentes de Arroyo y Patillas volvieron a ser detenidos y procesados judicialmente, por situaciones aún desconocidas.

---

245 Cruz Monclova. *Historia de Puerto Rico, Tomo III*, segunda parte, 304.

246 Ibíd., 303.

247 Rosario Natal. *Puerto Rico y la crisis*, 72.

En un juicio que duró apenas tres días, dirigido por un alto comando militar español en la Isla, los detenidos fueron declarados convictos por el delito de conspirar a favor de la rebelión e insultar a las Fuerzas Armadas[248]. Un total de 38 personas resultaron condenadas, siendo enviadas a prisiones locales y extranjeras; once de estos permanecieron en Puerto Rico, y veintisiete fueron enviados a Ceuta (Marruecos) y otros establecimientos de la Península Ibérica.[249]

Durante sus condenas, los prisioneros en Ceuta sufrieron paupérrimas condiciones de vida, al punto de que algunos de los detenidos murieron de hambre, anemia y otras enfermedades propagadas en el presidio debido a la poca salubridad del mismo.[250] Tres de los arrestados por los sucesos de Arroyo y Patillas murieron en prisión, de los cuales dos de ellos han sido identificados por los nombres de Vidal de Jesús y Ricardo Westernband.[251] Debido a la precaria situación en que se encontraban los presos, varias personas realizaron donativos para tratar de ayudarlos de algún modo. Por ejemplo, la profesora cubana Lola Hernández, conocida por su carácter generoso y por la organización de actividades caritativas, dirigió una colecta popular dirigida al auxilio de los reclusos.[252]

Este tipo de colectas eran comunes en Cuba, donde se buscaba el auxilio de los prisioneros rebeldes cubanos. A los presos de la Península se les enviaron provisiones a través de intermediarios que disponían de ellas. Desde Cuba, se exportaban dichas provisiones a París, donde el Dr. Ramón Emeterio Betances

---

248 Cruz Monclova. *Historia de Puerto Rico, Tomo III*, segunda parte, 304.

249 Ibíd.

250 Félix Ojeda Reyes. *El desterrado de París: biografía del Dr. Ramón Emeterio Betances (1827-1898)* (San Juan: Ed. Puertos, 2001), 347.

251 Delgado Pasapera. *Puerto Rico: sus luchas emancipadoras*, 475.

252 Cruz Monclova. *Historia de Puerto Rico, Tomo III*, segunda parte, 304.

coordinaba la entrega de las mismas[253]. Este mismo circuito de ayuda pudo haberse repetido con los prisioneros rebeldes de Arroyo y Patillas, pero el dato aún se encuentra bajo investigación.

Dr. Ramón Emeterio Betances: médico, abolicionista, poeta y político puertorriqueño.

Hasta el momento, la evidencia encontrada revela que los patillenses prisioneros en Ceuta fueron Don Indalecio Rivera Sánchez, Don Pablo de Jesús, Don Carlos de Jesús Peña y Don Mauricio Ortiz.[254] Don Pablo era del barrio Mulas, mientras que los demás residían en Quebrada Arriba. Estos agricultores cafetaleros y cañeros eran de padres puertorriqueños[255], de segunda

253 Ojeda Reyes. *El desterrado de París*, 347.

254 Censos de Población de Arroyo y Patillas de 1910 y 1920. Ancestry.com, 15 de octubre de 2013.

255 Censo de población de 1910. Centro de Investigaciones Históricas de la U. P R., Río Piedras.

o tercera generación de criollos, ninguno hablaba inglés y todos eran mulatos, con excepción de Indalecio.

En cuanto a su instrucción, Indalecio Rivera y Carlos de Jesús sabían leer y escribir y eran los únicos propietarios de fincas. Pablo de Jesús y Mauricio Ortiz eran analfabetos y no aparecen registrados como propietarios de tierras ni en el Censo de 1910, ni en el de 1920.[256] Don Indalecio y Don Pablo fueron sentenciados a 4 años y 2 meses de prisión, por proposición para la rebelión.[257] Carlos de Jesús fue sentenciado a 1 año, 8 meses y 21 días de prisión correccional, así como a otros 6 años de la misma pena, por insulto a las Fuerzas Armadas.[258] De Mauricio Ortiz no se ha encontrado, hasta el momento, el monto de los años ni los cargos por los que fue acusado. Al igual que aconteció con los rebeldes de Cuba durante la Guerra Hispanoamericana, los patillenses y arroyanos sediciosos fueron enviados a cárceles del extranjero a cumplir sus respectivas condenas, recibiendo el mismo trato que los prisioneros cubanos.

Como vimos, las condenas impuestas a los insurrectos de Arroyo y Patillas no sobrepasaron los ocho años de prisión, no habiendo llegado ninguno de los condenados a extinguir por completo sus condenas, ya que algunos fueron puestos en libertad en diciembre de 1897, mientras que la gran mayoría de ellos, 24 en total, fueron liberados el 25 de enero de 1898, por intervención de Segismundo Moret Prendergast.[259] Con excepción de cinco de ellos, que tenían ropa adecuada, los demás salieron de la cárcel con lo que les facilitaron otros de los recluidos en

---

256 Censo de población de 1910 y Censo de población de 1920. Ancestry.com, 15 de octubre de 2013.

257 Delgado Pasapera, *Puerto Rico: sus luchas emancipadoras*, 475.

258 Ibíd.

259 Cruz Monclova, *Historia de Puerto Rico*, Tomo III, segunda parte, 304.

Ceuta.[260] Los que sobrevivieron a la cárcel africana fueron embarcados para la Isla, el 10 de febrero de 1898.[261]

La llegada de cada uno de estos ex-prisioneros a sus respectivos pueblos se tradujo en entusiastas recibimientos organizados por compueblanos suyos que esperaban sus arribos. La bienvenida a Nicasio Ledée, supuesto líder de la sociedad secreta de Arroyo, se dio en el barrio Guasimas del municipio. Amistades, familiares y curiosos llegaron hasta el barrio para recibirlo. Según el historiador guayamés Francisco García Boyrie, el ex presidiario entró al pueblo como entraban en los pueblos de Puerto Rico los viejos capitanes generales.[262]

Sin embargo, Nicasio Ledée lamentablemente no pudo disfrutar por mucho tiempo su vida en la libre comunidad, ya que meses después sufrió un derrame cerebral que lo incapacitó de por vida. Años después fallecía en su pueblo natal.[263]

Mejor suerte poseyó el patillense Indalecio Rivera, quien falleció en 1931, aproximadamente a los 82 años de edad.[264] Estuvo casado con Úrsula Mercé Rivera Rivera, mujer blanca que no sabía leer ni escribir, de padres puertorriqueños y diez años mayor que él.[265] Después de su excarcelación, Indalecio se dedicó a la agricultura, llegando a poseer una finca de café en el barrio

---

260 Ibíd.

261 Ibíd. La excarcelación de los prisioneros políticos patillenses coincide con la firma de la Carta Autonómica para Puerto Rico y Cuba.

262 Francisco García Boyrie. *Arroyo: notas para su historia* (San Juan: Editado por la Oficina Estatal de Preservación histórica de la Fortaleza, 1985), 33.

263 Ibíd., 33.

264 Según la historiografía patillense, Indalecio falleció a los 99 años, pero esta edad no concuerda con los datos encontrados en el Censo poblacional de 1910. En el mismo, Don Indalecio aparece registrado con 60 años de edad, ofreciéndose como fecha de nacimiento aproximada el 1850. Por lo tanto, debió haber fallecido alrededor de sus ochenta años.

265 Censo de Población de 1910, Vol. 36, Naguabo a Patillas. Centro de Investigaciones Históricas, Universidad de Puerto Rico.

Quebrada Arriba.[266] A pesar de su encierro y de la represión política que se efectuó en su contra, Don Indalecio continuó comprometido socialmente con su pueblo y su comunidad. Así, para la década de 1920, Rivera donó varias cuerdas de terreno a fin de que se construyera la primera escuela elemental de su barrio, edificada con madera y zinc.[267]

Después de 118 años de los arrestos en Arroyo y Patillas, son muchas las interrogantes sobre este caso que aún quedan por esclarecerse. La existencia de una supuesta sociedad secreta en ambos pueblos, y su vinculación con la sociedad secreta La Torre del Viejo de 1887; por qué fueron enjuiciados de nuevo, nueve meses después de los primeros arrestos; las razones por las que fueron enviados a cárceles en el extranjero, y las repercusiones políticas de estos arrestos a nivel nacional, son algunas de las interrogantes que aún permanecen sin contestar, a la luz de la evidencia histórica.

Este capítulo no pretende resolver esas interrogantes. Sin embargo, es necesario detenerse aunque sea brevemente en una serie de eventos que se desarrollaron antes y después de los arrestos en el sureste insular, y que no han sido ponderados por la historiografía municipal que se ha centrado en estos últimos. Cuando en julio de 1896 fueron nuevamente citados a corte los acusados de los sucesos de Arroyo y Patillas, su juicio fue dirigido por un Consejo de Guerra compuesto por tenientes, coroneles y capitanes del ejército español en Puerto Rico, entre los que figuraban Don Rafael Úbeda y Delgado y Don Ángel Rivero Méndez.[268]

---

266 Ibíd.

267 A.G.P.R., Fondo: Fondos municipales, caja # 2. Exp. 5 al 9. En esta caja se encontró protocolos notariales mal clasificados con fecha de 1888-1969.

268 Cruz Monclova, *Historia de Puerto Rico*, Tomo III, segunda parte, 304.

Los acusados fueron condenados no solamente por insultar a las Fuerzas Armadas, sino también por delitos de conspiración para la rebelión. Como hemos reiterado, fueron enviados a cumplir sus condenas al mismo lugar (Ceuta) al que estaban siendo enviados los insurrectos cubanos, quienes portaban sentencias similares a las de los puertorriqueños. Todo parece indicar, pues, que con los patillenses y arroyanos se utilizó el mismo modelo judicial militar que se estaba utilizando para los rebeldes en la Manigua. Aún más, ellos fueron el único grupo de puertorriqueños que cumplieron condena en Ceuta por cargos de conspiración, durante los años que van de 1890 a 1897.[269]

Es interesante verificar que luego de los primeros arrestos mencionados, acontecidos el 17 de octubre de 1895, estaban supuestas a efectuarse las elecciones de Diputados Provinciales en la Isla, pautadas para fin del mes. Sin embargo, las mismas fueron suspendidas misteriosamente con la autorización del Ministro de Ultramar. Debido a esa suspensión inusual, y gracias a las facultades especiales que ostentaba el gobernador Gamir, este procedió a nombrar a catorce de los Diputados Provinciales. El hecho fue muy criticado por el periódico *La Democracia*, ya que la mayoría de los diputados eran personas afiliadas al Partido Incondicional español, con decidida lealtad hacia el Gobernador.[270]

---

269 Para un estudio más minucioso de las revueltas en Puerto Rico a finales del siglo XIX, ver Lidio Cruz Monclova, *Historia de Puerto Rico*, Tomo III, parte I, II y III. Además ver *Puerto Rico: sus luchas emancipadoras (1850-1898)*, de Germán Delgado Pasapera; y *Puerto Rico y la crisis de la guerra Hispanoamericana (1895-1898)*, del Dr. Carmelo Rosario Natal. Los acusados por los sucesos de Arroyo y Patillas cumplieron más años de condena que los acusados por la Intentona de Yauco, de 1897, de los cuales ninguno fue encarcelado fuera de Puerto Rico ni cumplió más de un año de cárcel por los sucesos. Ver: Cruz Monclova, *Historia de Puerto Rico*, Tomo III, tercera parte, 50-51.

270 Cruz Monclova. *Historia de Puerto Rico*, Tomo III, segunda parte, 305. El gobernador Gamir nombró por Patillas a Manuel Egozcue Cintrón, quien ocupó el puesto de vicepresidente de la mesa directiva de la Diputación Provincial. Egozcue no era

Otro de los eventos que ha obliterado la historiografía sureña es el hecho de que la mayoría de los acusados eran personas desconocidas ante la opinión pública, tanto local como nacional. Periódicos como *La Democracia* y *El Incondicional* afirmaban que estos individuos eran de poca importancia y analfabetas, dando muestras palmarias del discrimen socioeconómico de la época. Al respecto, debemos recordar los comentarios realizados ocho años antes por el alcalde de Arroyo, Marcelino Romaní, sobre los miembros del Partido Autonomista en su pueblo. La participación notoria de artesanos, obreros y agricultores en los movimientos políticos de la zona, desde la década de 1880, era ya de conocimiento general. Pero la prensa del momento minimizaba la participación de estos en los círculos políticos de la época.

Por supuesto, ninguno de los miembros de la clase trabajadora estaba emparentado con las grandes familias de la región, ni entroncaba con descendencia directa europea; por tanto, según la prensa, se trataba de gente sin importancia. Desafortunadamente, historiadores actuales han repetido directa o indirectamente el discurso del gobierno de Gamir y de la prensa de 1895. Las fuentes oficiales se han aceptado literalmente y se han dado ciertas, sin que su veracidad, sobre todo en un momento de tensión política, haya sido cuestionada.

No obstante, a pesar de que los protagonistas de los arrestos de 1895 era gente común y corriente que no poseía riquezas, tampoco eran analfabetas. Eran pequeños y medianos propietarios de plantaciones de café, arrendados de otras plantaciones, taladores, recogedores de café, picadores de caña, recogedores de tabaco, sacadores de ñame, malanga y yautía, mulatos, blancos y criollos, que compartían entre sí la dedicación a la agricul-

---

natural de Patillas, ni tampoco residió en la zona. Ocupó altos puestos dentro del Partido Incondicional y también dentro del gobierno español en San Juan.

tura y las limitaciones impuestas por los bajos precios y los salarios inhumanos. No debemos olvidar que la primera huelga general de Puerto Rico, avivada en su mayoría por trabajadores de las montañas y el llano, tuvo su foco principal en Patillas. Fueron los jornaleros del café, el tabaco y la caña los que lograron organizarse para exigir mejores condiciones de trabajo y, durante los arrestos de octubre, los que enfrentaron abiertamente a la Guardia Civil. Los jornaleros de la loma y el llano no estaban ajenos a los movimientos políticos y laborales de la época.

Antes de 1895, ya se habían reportados incidentes laborales entre patronos y jornaleros en 1874. Posteriormente, durante la década de 1880, se reportaron varios incendios en las haciendas de caña propiedad de los Fantauzzi, incluyendo la hacienda La Felícita, en el barrio Cacao Bajo.[271] El malestar de los trabajadores de Patillas comenzó a sentirse con mucha fuerza a finales del siglo XIX, pero continuó durante la primera mitad del siglo XX, sobre todo, con las huelgas de caña de 1914 y de la década de 1930.

Así pues, los arrestados de octubre de 1895 fueron simplemente personas disgustadas con el sistema económico, político y social español en la Isla, conscientes de su realidad social y de los procesos políticos y económicos que se estaban desarrollando. Por tales motivos, estas personas hicieron sentir sus reclamos ante un gobierno peninsular que iba a la deriva, y se hicieron portavoces indirectos de un sinnúmero de ciudadanos de distintos pueblos que reclamaban mejores condiciones de vida para su país. De este modo, Patillas no estuvo ajeno a los procesos

---

[271] Luis A. Figueroa, *Sugar, slavery and freedom in nineteenth-century Puerto Rico* (U.S.A.: Ed. Chapel Hill The University of North Carolina Press, 2005), 194-197. Además de los incendios en las haciendas de los Fantauzzi en Patillas y Arroyo, los hacendados Riefkohl también tuvieron que lidiar con incendios sospechosos ocurridos en su hacienda La Orleanesa, en Maunabo.

socio-políticos criollos, y su historia municipal así lo deja constatado.

Patillas y el cambio de siglo (XIX-XX).

Después de los arrestos de 1895, la situación política y económica en Patillas, no mejoró ni prosperó de manera significativa. Según el censo realizado por el gobierno norteamericano en 1899, Patillas terminó el siglo XIX y comenzó el XX con 11,163 habitantes. La mayor parte de su población era negra, con 5,796 negros frente a 5,334 blancos.

Divisiones demográficas	Población
Mujeres Blancas	2,648
Mujeres Negras	2,928
Hombres Blancos	2,692
Hombres Negros	2,868
Total	11,163

Tabla poblacional de Patillas, 1899. Censo de Población de 1899.

El 69% de la población patillense se encontraba entonces sin ocupación lucrativa. La mujer patillense era la más afectada en este aspecto, ya que 5,136 se encontraban sin empleo, mientras que solo 2,535 hombres se encontraban en esta condición.[272] Existían 2,147 familias, compuestas en promedio de 5.2 miembros. Había unas 2,058 viviendas, pero 1,620 de estas no tenían ningún tipo de servicio sanitario[273], ni luz, ni mucho menos un sistema de tuberías de agua.

---

272 *Censo de Población, 1899*, 302-303.

273 *Censo de Población, 1899*, 340.

Aunque la industria cafetalera que comenzó a desarrollarse a mediados del siglo XIX había llevado al campo a cientos de obreros agrícolas que buscaban nuevas oportunidades de trabajo tras la caída de la industria azucarera, el diario vivir del campesinado no mejoró entre los reverdecidos cafetales. Las condiciones de vida fueron difíciles para unos campesinos que vivían en bohíos construidos con yaguas y troncos de palma, en los que había poca salubridad y mucho hacinamiento. Además, estos obreros cobraban el jornal más bajo de los empleos que eran remunerados, eran en su mayoría analfabetas y anémicos, y solían portar enfermedades o padecer serias aflicciones de salud.

Como vimos al comienzo de la presente unidad, la última década del siglo XIX en Patillas fue impresionante, por el disloque entre el porciento de natalidad y el de las defunciones, que de 1888 a 1898 hizo del municipio uno de los pueblos con menor expectativa de vida en la región (entiéndase: Guayama, Arroyo, San Lorenzo y Maunabo).[274]

Los bajos salarios de los campesinos y los monopolios de las clases acomodadas sobre el control de precios de ciertos artículos, convirtieron el consumo de carne y pan en un verdadero lujo, casi prohibido para la población rural.[275] Bajo estas circunstancias, cientos de campesinos se mudaron a las montañas, en busca de mejores salarios en el recogido de café. A pesar de que Patillas mostró a sus ciudadanos un mayor acceso a la tierra, en comparación con Guayama y Arroyo, estuvo configurado por lo que se consideraban pequeños y medianos agricultores. Sus fincas no sobrepasaban las 100 cuerdas de terreno y estaban destinadas a diferentes productos agrícolas, a saber: 40% en café; 30%

---

[274]Ver gráfica de barras en el capítulo anterior, sobre el *Censo de Población de 1899* en Patillas.

[275]Celestino Domínguez Gomes, "Frente al problema II", Pancho Ibero, Mayo 3, 1919, 14.

en plátanos y guineos; y 30% en frutos menores, tales como legumbres, hortalizas y árboles frutales.[276]

La cosecha de estos pequeños campesinos propietarios de fincas no se consideraba como una producción comercial de gran escala. Además, a pesar de que varios campesinos de la montaña alcanzaron la oportunidad de poseer tierras en las lomas, el proceso de llevar sus productos agrícolas a los diferentes comercios y hogares, tanto a nivel nacional como internacional, estuvo dominado por la élite comercial de la época y por los grandes hacendados.

Patillas contaba con muchos pequeños y medianos productores de café en la zona de los barrios Real, Mulas y Quebrada Arriba, a finales del siglo XIX y principios del XX. Luego de cosechado el café, este se les vendía a las torrefactoras de los Hermanos Feo, en el barrio Carite (Cayey). Si el pequeño propietario no podía acarrear su café hasta Cayey, Don Ambrosio Cruet, dueño de la estancia Sofía, compraba el café recogido en las pequeñas fincas del barrio Mulas, y lo transportaba junto al suyo hasta las torrefactoras de los Feo.[277] Se trataba de un sistema comercial en el cual el pequeño agricultor carecía de capital para la distribución de sus productos agrícolas. Debido a esto, surgieron condiciones desiguales para el pequeño cafetalero de las lomas de Patillas, ya que la baja producción estaba sujeta al precio estipulado por la torrefactora de los Feo, y no por el valor real de este producto en el mercado local y extranjero

276Entrevista a Cirilo Figueroa, el 13 de febrero de 2013, por Jorge Nieves Rivera. La finca que heredó Don Cirilo Figueroa era de su padre, Eladio Figueroa, y la misma estaba compuesta por cien cuerdas de terreno distribuidas de esta forma.

277 Ibíd.

La Guerra Hispanoamericana llega al sureste de Puerto Rico.

En medio de este panorama de desigualdad social, el 31 de julio de 1898 desembarcaron por el malecón de Arroyo tropas militares norteamericanas, al mando del general John R. Brooke[278].

John R. Brooke, primer gobernador militar norteamericano en Puerto Rico y general que desembarcó en Arroyo el 31 de julio de 1898.

Días después llegaron a Patillas algunos soldados norteamericanos para reunirse con las autoridades locales. Después de un caluroso recibimiento orquestado por parte de la élite comercial y política del pueblo, organizado específicamente por Juan Crescioni, Modesto Bird y José L. Barrios, el emisario del ejército

---

278 Paul G. Miller. *Historia de Puerto Rico.* (Rand Mcnally & Company, 1947), 395. Las tropas de infantería y artillería norteamericana que desembarcaron eran en su mayoría voluntarios de Ohio, Illinois, Indiana, Missouri y Pennsylvania. Dos meses más tarde, el 18 de octubre de 1898, John R. Brooke se convirtió en el primer gobernador norteamericano en la Isla.

norteamericano en Patillas eligió al Sr. José L Barrios como nuevo alcalde del pueblo, por tratarse de uno de los grandes contribuyentes del mismo[279].

Según el historiador Paulino Rodríguez, este acto fue criticado por otros patillenses que al parecer esperaban la designación del Lic. Manuel Mendía Moret como nuevo alcalde. Don Francisco Gely, comerciante y político del pueblo, objetó la decisión tirando su bastón al suelo en señal de protesta. El malestar transcendió las paredes de la alcaldía, alrededor de la cual se arremolinó un corrillo de ciudadanos que tenían la intención de protestar por lo sucedido. Sin embargo, al percatarse el emisario militar de la situación, ordenó que se apostase frente a la alcaldía un grupo de soldados norteamericanos.[280]

Este hecho detallado es bastante simple, pero demuestra que las instituciones que brindaban servicios al pueblo se vieron seriamente afectadas a raíz de los cambios políticos de la nueva metrópoli. Instituciones sociales, tales como la Iglesia y las escuelas, sufrieron cambios radicales en sus programas. Pocos meses después de la invasión, el mayor general John R. Brooke, primer gobernador militar en la Isla, solicitó al capellán católico Thomas Sherman un informe sobre las condiciones de la Iglesia Católica en Puerto Rico. En el informe, fue publicado el 10 de enero de 1899, el capellán Sherman aseguró que el estado de la Iglesia en Puerto Rico era insatisfactorio, pues a pesar de que la mayor parte de la población era católica, su asistencia a los cultos religiosos era escasa.[281]

---

279 Paulino Rodríguez. *Historia del Pueblo de Patillas*, 104.

280 Ibíd.

281 Samuel Silva Gotay. *Catolicismo y política en Puerto Rico: bajo España y Estados Unidos. Siglos XIX y XX.* (Río Piedras: Ed. de la Universidad de Puerto Rico, 2005), 74-75.

Según el capellán, la gente necesitaba ciertos sacramentos, como la confirmación y el matrimonio, ya que los sacerdotes insulares se habían quedado sin la ayuda que otorgaba el gobierno español. Es por esto que aseguraba lo siguiente: "Muchos sacerdotes están abandonando el país y más aún se irán antes de que termine el invierno".[282]

Por si fuera poco, puesto que bajo el gobierno español no existía la separación entre Iglesia y Estado, la población criolla, además de desarrollar un sentimiento político anti-español, también desarrolló un sentimiento anti-clerical, ya que se percibía a la Iglesia como el aliado inseparable de las políticas españolas en la Isla. El capellán Sherman afirmaba además que el cambio en el sistema eclesiástico de Puerto Rico había sido muy brusco, provocando parálisis y consternación en un cuerpo eclesiástico acostumbrado a depender del gobierno para su sostén[283]. Hacia 1898, existían en la Isla unas 87 parroquias, las cuales contaban con 137 sacerdotes para labores ministeriales. Dos años más tarde, el 30 de enero de 1900, la Iglesia contaba con 67 parroquias y 95 sacerdotes (42 sacerdotes menos que en 1898).[284] *Curas* de distintas partes de la Isla habían perdido sus plazas como capellanes de hospitales y cuarteles militares, así como sus puestos de maestros de religión en las escuelas.[285] Miles de personas, tanto en la loma como en el llano, se quedaron sin los servicios de sacerdotes, lo que se traducía a la inaccesibilidad a sacramentos católicos, tales como el bautismo o el matrimonio.

---

282 Ibíd.75.

283 Ibíd.

284 P. José Dimas Soberal. *"Helena Huyke Sistermans"* (Informe presentado a la Conferencia Episcopal Puertorriqueña, 1994), 12-13.

285 Ibíd.

En Patillas, por ejemplo, la mayor parte de la población era soltera, según el Censo del 1899; otra gran porción estaba amanceba y, solo en un tercer lugar demográfico, aparecían los casados.[286]

La educación tampoco estuvo exenta de revisión, por parte de la metrópolis norteamericana. Durante el gobierno militar norteamericano (1898-1900), el general Guy V. Henry, segundo gobernador militar de la Isla durante este periodo, dictaminó que todos los maestros insulares debían aprender inglés, dándosele preferencia a los que dominaban esta lengua a la hora de reclutar a los educadores[287]. Estos requisitos fueron puestos en prácticas a partir de 1900 cuando, con el establecimiento de un gobierno civil en la Isla, los nuevos comisionados de educación establecieron el inglés como idioma oficial de enseñanza.[288] En adición a esto, el comisionado de Instrucción Pública, se enfrascó en una batalla contra el magisterio criollo, al insistir en que no se reconocieran los títulos de maestros y profesores otorgados bajo el gobierno de España.[289].

El comisionado exigía que se sometieran a nuevos exámenes ofrecidos por la junta que él presidia.[290] El fundador del colegio San Bernardo en Arroyo, Don Enrique Huyke, fue uno de los profesores que protestaron contra estas nuevas políticas docentes expresando lo siguiente:

> Parece mentira que tuviéramos más libertades con España que con los Estados Unidos de Norteamérica, la nación

---

286 *Censo de Población, 1899*, 352.

287 Charles J. Beirne. *El problema de la americanización en las escuelas católicas de Puerto Rico* (Río Piedras: Universidad de Puerto Rico, 1976), 23.

288 Ibíd.

289 Dimas Soberal. *Helena Huyke*, 3.

290 Ibíd.

> universalmente reconocida como la más libre del mundo, ¡esto es una vergüenza![291]

El colegio San Bernardo fue una de las mejores escuelas de la zona, habiendo sido fundado en Arroyo por descendientes de holandeses de Curazao, durante las últimas décadas del siglo XIX. El colegio recibía alumnos de Guayama, Arroyo y Patillas, y se especializó en la enseñanza de materias tales como aritmética, español, inglés y francés.[292] También se impartieron en él clases de religión.[293] Durante los domingos, Don Enrique Huyke, profesor y fundador del mismo, se marchaba a los campos a enseñar a los agricultores y obreros que no podían recibir formación académica regular.[294] Este ejemplo fue el que llevó al hijo de Enrique, Juan B. Huyke, a prestarles más atención a las escuelas rurales, durante el tiempo que desempeñó el cargo de Comisionado de Instrucción Pública. Bajo su incumbencia, reconoció que las escuelas del pueblo no necesitaban tanta atención como las del campo, las cuales estaban aisladas y no prometían a sus estudiantes la oportunidad de una mejoría en la escala social.[295]

A pesar de esta labor titánica de alfabetización por parte de los Huyke, el colegio San Bernardo dejó de impartir sus clases a principios del siglo XX. El nuevo Comisionado de Instrucción Pública, prohibió la enseñanza de religión en las escuelas públicas, y suprimió toda clase de ayudas económicas a aquellas es-

---

291 Ibíd.

292 Paulino Rodríguez Bernier. *Los Huyke de Arroyo* (San Juan: Ediciones Mágica, 2009), 12-13. El primer historiador patillense, Don Paulino Rodríguez fue discípulo de los Huyke en Arroyo.

293 Dimas Soberal. *Helena Huyke*, 4.

294 Ibíd., 6.

295 Rodríguez Bernier. *Los Huyke*, 78.

cuelas privadas existentes en el País, sobre todo, a las que enseñaban religión.[296] El colegio San Bernardo era una institución privada y católica, por lo que dejó de recibir ayudas gubernamentales (siempre escasas) y exenciones de impuestos, lo que provocó su cierre.[297].

El caso del colegio San Bernardo pone en evidencia los obstáculos que confrontaron muchos colegios y escuelas, durante la transición del gobierno español al norteamericano. Los profesores no eran nombrados, pues el nuevo gobierno no les reconocía sus títulos académicos, y los materiales académicos para los alumnos no estaban disponibles.[298] Factores como estos contribuyeron a que cientos de estudiantes abandonaran la escuela, durante los primeros años de colonización norteamericana en Puerto Rico. Es así como se explica el número tan alto en la tasa de deserción escolar en Patillas, la cual queda evidenciada en el Censo de 1899 y ha sido expuesta en capítulos anteriores.

Por si fuera poco, en agosto de 1899, azotó a la Isla el huracán San Ciriaco. Patillas fue uno de los municipios más afectados por el mismo. Miles de familias quedaron desempleadas, sin comida y sin vivienda, a causa del ciclón. Y la cosecha de café en las lomas de Patillas quedó pérdida.

Esta inestabilidad política, económica, religiosa y educativa que vivió Puerto Rico a finales del siglo XIX y principios del XX, creó las condiciones sociales y sicológicas apropiadas para el surgimiento de movimientos de intensa religiosidad.[299] Individuos y grupos se dieron a la tarea de evangelizar en diferentes puntos de la Isla, a falta de predicadores católicos oficiales (sacerdotes) enviados por la Iglesia. En pueblos como Quebradillas y Utuado,

---

296 Ibíd., 4.

297 Ibíd.

298 Ibíd.

299 Silva Gotay. *Catolicismo y política*, 313.

mujeres laicas se lanzaron a la vida pública como evangelizadoras.[300] Y en la Sierra de Cayey, entre los pueblos de Guayama, Cayey, Caguas, San Lorenzo y Patillas, apareció la figura histórica de la amparadora del campesinado: *Vuestra Madre Elena.*

Vuestra Madre del campesino patillense: Elena.

Elena Huge (nombre y apellido registrados en su certificado de defunción) es descrita por la historia oral como una mujer joven, blanca, soltera y de origen desconocido.[301] Sus facciones eran delicadas, y tenía entre 20 y 40 años de edad cuando llegó a las montañas de San Lorenzo que hoy día forman parte del Bosque Estatal de Carite.[302]

Según testimonios orales, Elena fue vista por primera vez naufragando cerca de las costas de los municipios de Maunabo y Patillas, en agosto de 1899.[303] Luego fue vista en varios campos de la zona. Testimonios orales recopilados por varios sacerdotes investigadores de este personaje histórico, coinciden en que Elena estuvo un tiempo hospedándose en el pueblo de Caguas, donde laboró como maestra y lectora en fábricas de tabaco.[304]

---

300 Dimas Soberal. *Helena Huyke*, 7.

301 P. Jaime Reyes. *La Santa Montaña de Puerto Rico: el misterio de Elenita de Jesús*, http://www.buenaventurapr.com/documents/libro_del_padre_jaime.pdf. (descargado el 18 de enero de 2013).

302 Torres-Abreu, A. *Gestión ambiental y participación pública en los bosques de Puerto Rico.* Recuperado de la página de Internet del Instituto de Investigaciones Interdisciplinarias de la Universidad de Puerto Rico, recinto de Cayey:http://webs.oss.cayey.upr.edu/iii/sites/webs.oss.cayey.upr.edu.iii/files/u1/gestion_ambiental_participacion.pdf. Págs. 68-90.

303 Entrevista al P. José Dimas Soberal por Jorge Nieves Rivera, 18 de enero de 2013.

304 Relato del Sr. Medino Torres sobre su testimonio vivo de Nuestra Madre misionera, en la década de 1970. Documento propiedad de P. Dimas Soberal.

Sin embargo, otros testimonios afirman haberla encontrado meditando cerca de una peña, hoy famosa, ubicada en el área del Bosque de Carite que colinda con Patillas.[305]

Casa Vuestra Madre en el Santuario de la Virgen del Carmen, en el municipio de San Lorenzo. En este lugar estaba edificada, supuestamente, la residencia de Elena a la hora de su muerte. Fotografía por Jorge Nieves Rivera.

Elena permaneció en dicha área por espacio de diez años (1899-1909), viviendo una vida de plena austeridad durante todo este tiempo. Convivió al lado de campesinos pobres y marginados de la región. Entre estos, se dedicó a difundir las enseñanzas del catolicismo, insistiendo en la importancia de los sacramentos.[306] Constantemente ayunaba y vestía un hábito color marrón, muy parecido al que utilizaban las hermanas carmelitas

---

305 P. Jaime Reyes. *La Santa Montaña de Puerto Rico*, 2.

306 Entrevista al P. José Dimas Soberal.

de la época.[307] Además de esta labor evangelizadora, varios testimonios aseguran que Madre Elena (nombre con que también se le conoce) fungió además como maestra de algunas niñas de la zona. Les enseñó tareas básicas del hogar y religión.[308]

Elena predicó en contra del amancebamiento, la vida inmoral, la laxitud del catolicismo de los campesinos, y les advirtió a estos sobre la religión que llegaba con el nuevo régimen norteamericano.[309] Predicó en diferentes puntos de la Sierra de Cayey, siendo transportada en hamaca muchas veces, por los propios campesinos de la región.[310] Elena se hospedaba donde le ofrecieran alojo, y allí permanecía varios días predicando y enseñando los fundamentos básicos de la fe católica.[311]

Le daba mucho énfasis al tema de los sacramentos, específicamente el bautismo y el matrimonio, de los cuales hablaba durante sus andanzas misioneras. Luego se encargaba de acompañar a los campesinos a las diferentes iglesias de la zona, para que recibieran ambos sacramentos.[312] A partir de 1900, se registra un aumento notable en el recibimiento de dichos sacramentos, en diferentes parroquias de la región. Por ejemplo, en Yabucoa, para finales del siglo XIX, el número de matrimonios católicos oscilaba entre los 25 y los 30.[313] A partir de 1904, las cifras promediaban unos 50 matrimonios católicos por año; y en 1908, hubo un total de 247 matrimonios católicos registrados.[314]

---

307 Jaime Reyes, *La Santa Montaña*, 4.

308 Entrevista al P. José Dimas Soberal.

309 Silva Gotay. *Catolicismo y política*, 314.

310 Ibíd., 314.

311 Dimas Soberal. *Helena Huyke*, 18-19.

312 Entrevista al P. José Dimas Soberal.

313 Dimas Soberal. *Helena Huyke*, 18-19.

314 Ibíd.

Una situación similar ocurrió en la parroquia Nuestra Señora de las Mercedes, del municipio de San Lorenzo, donde el número de bautizos y matrimonios fue en aumento a partir de 1904[315]. Todo parece indicar que la evangelización agresiva de la Madre Elena, en toda la zona oriental de la Cordillera, creó las condiciones favorables para que cientos de campesinos recibieran la educación cristiana básica requerida por la Iglesia Católica. A falta de sacerdotes en la región, Elena asumió la responsabilidad del catequista, y ayudó a revivir la fe católica en los campos. Su prédica comenzó a ganar popularidad entre los campesinos de toda la Sierra de Cayey y áreas limítrofes. De diferentes pueblos de la región oriental de la Isla llegaron hasta el cerro de Nuestra Madre[316] (la Santa Montaña), para escuchar la prédica de Elena. Decenas de personas de las lomas comenzaron a seguirla y acompañarla durante sus misiones por los diferentes pueblos de la zona.

Durante su vivienda en las lomas, Elena se condujo con una actitud maternal ante todos aquellos que la visitaban e iban a escuchar sus prédicas. A los fieles católicos les llamaba "mis hijos" o "hijos míos", sin importarle la edad, sexo o condición social de los mismos.[317] Además, se destacó por organizar las siembras en las fincas de los campesinos, a quienes orientaba en cuanto a lo que debían sembrar y dónde sembrarlo.[318] Tenía un carácter firme y cariñoso a la vez; y cuando corregía, lo hacía con mansedumbre.[319]

---

315 Ibíd.

316 En los mapas del Geological Survey del gobierno de los Estados Unidos de Norteamérica, ya en 1972 el cerro de Nuestra Madre aparece identificado con este nombre, y no con el nombre de (cerro) La Santa. Este cerro está ubicado en la colindancia entre los municipios de San Lorenzo y Patillas, en el Bosque Estatal de Carite.

317 P. Jaime Reyes, *La Santa Montaña*, 9.

318 Ibíd. 10

319 Ibíd. 11.

Las prédicas de Vuestra Madre llegaron a tornarse proféticas, ya que ella hablaba también sobre los cambios que se avecinaban con la llegada del nuevo siglo. Según testigos de sus prédicas, ella se expresó en contra del nuevo gobierno de la Isla y de la llegada de colegios del diablo (escuelas protestantes). Así mismo, reflexionó sobre las dificultades por las que atravesaba la Iglesia Católica en Puerto Rico.[320] Además, llegó a asegurar que cuando los obispos católicos criollos subieran a la montaña, el fin de los tiempos estaría cerca[321], poniendo así de manifiesto la desconexión que había entre la Iglesia Católica y las zonas rurales de la Isla.

La partida de defunción de Madre Elena da como fecha de su muerte el primero de octubre de 1909, a sus 35 años de edad.[322] Dicha partida no especifica la causa de su muerte. Tampoco se especifica si se le realizó una autopsia. Su cuerpo fue encontrado en su pequeño bohío del cerro Nuestra Madre, presentando muestras de sangrado por la boca, lo cual parece indicar que pudo haber fallecido de tuberculosis o anemia: enfermedades muy comunes en los campos de la época y que presentaban dicho síntoma en su etapa terminal. Según testigos de sus prédicas, Elena advirtió que derramaría su sangre en la montaña por mandato del Padre, para el bien de Puerto Rico. Esas afirmaciones le otorgan un sentido teológico y mesiánico a su fallecimiento.[323]

A pesar de la pérdida física de Nuestra Madre, personas de Patillas y de diferentes puntos de la región oriental de la Isla, continuaron peregrinando hasta su cerro, para conmemorar la estancia de Elena en la Sierra. Durante el periodo de cuaresma,

---

320 Silva Gotay, *Catolicismo y política*, 316.

321 Ibíd.

322 Registro Demográfico de San Juan. Certificado de defunción de Elena Huge # 00145.

323 Ibíd.

específicamente en la denominada Semana Santa, cientos de feligreses, devotos y curiosos continuaron visitando el lugar a pie o a caballo, a pesar del difícil acceso hacia el lugar. Decenas de personas decidieron continuar con la misión de Elenita, por lo que durante la primera mitad del siglo XX se crearon varias capillas de madera alrededor del bohío de Nuestra Madre, en donde las personas pudiesen orar y rezar.[324]

La historia de la mujer fue transmitida oralmente de generación en generación, y pueblo a pueblo. Sus enseñanzas fueron mucho más reverenciadas que admiradas, pues las personas comenzaron a asumirlas con devoción. En toda la zona se generó un verdadero culto a la figura de Elena y sus enseñanzas.

El párroco de San Lorenzo, Padre Puras, envió una carta poco tiempo después de la muerte de Elena, a un misionero llamado Pancho y miembro de la organización religiosa Los Hermanos Cheo. Todo parece indicar que en la carta, el Padre Puras expresó que comulgaba o aceptaba la devoción popular sobre Elena. Dicha carta fue publicada por el periódico Heraldo Español, provocando la reacción de la curia religiosa del momento. La alta curia religiosa no vaciló en escribirle una carta a Puras, advirtiéndole seriamente sobre el peso de sus comentarios sobre la vida de Elena. Estos señalamientos merecen ser citados textualmente:

> Estimado Padre: Con sorpresa y pena hemos leído una carta firmada por vos y dirigida al hermano Pancho y publicado en la edición de la mañana del Heraldo Español. Prescindimos de la falta de buen gusto que vos ha mostrado en dicha carta para alabarse... Concretándonos a decirle primero: Que vos ha tomado atribuciones de autoridad superior al declarar como sanas y conforme en todo con la sana moral de la Iglesia "predicaciones hechas

324 http://www.santuariopr.org/santuario.html. 4 de diciembre del 2013.

> por personas no autorizadas". Segundo: dicha carta revela el deseo de vos de no apagar sino encender los ánimos de adversarios que vos tiene en esa parroquia[325]. V. es el primer sacerdote que públicamente se ha unido a los llamados en esta Isla ENVIADOS lo cual no redonda bien...sino que puede ser por la interpretación a que se puede someterse perjudicial a la Iglesia.[326]

No obstante, la carta no era el único documento que evidenciaba la simpatía del Padre Puras con la figura de Vuestra Madre. La curia poseía una fotografía donde el Padre Puras posaba junto al hermano Cheo en la cueva o peña donde supuestamente habitó Elena:

> Obra en nuestro poder una fotografía... Hecha por vos y el hermano Pancho que son las figuras entes en frente de la cueva donde habito la que V. llama Reverenda Misionera la difunta Elena.[327]

Para las autoridades eclesiásticas, esto era prueba suficiente para advertirle que:

> Tanto la carta como dicho retrato nos convencen que V. se ha apartado del camino correcto que siempre debe seguir un sacerdote encargado de la cura de almas, para fomentar la superstición de los ignorantes... Sentimos mucho decir a V. que las buenas obras realizadas por V. tanto el terreno espiritual como en el temporal en esa Parroquia desmerecen en gran manera por la conducta que se revela en la mencionada carta y en la fotografía.[328]

---

325 Documento del P. José Dimas Soberal.

326 Ibíd.

327 Ibíd.

328 Ibíd.

Esta correspondencia llevo a la reubicación parroquial del Padre Puras de la parroquia de San Lorenzo al poblado de Loíza.[329] Al parecer, la nueva curia religiosa norteamericana en la Isla no estaba dispuesta a afrontar creencias o costumbres populares espiritistas, típicas de la cultura puertorriqueña del siglo XIX. No obstante, a pesar de la indiferencia y el rechazo hacia estas devociones populares en Puerto Rico, por parte de la jerarquía católica, el fervor hacia Madre Elena continuó, desde el mismo día de su partida física del lugar. Los sacerdotes desatacados en la parroquia de San Lorenzo tuvieron que haberse visto obligados a asistir a La Montaña Santa o Santa Montaña, nombre con que se le bautizó al lugar popularmente, a partir de los ritos de cuaresma, dado el constante peregrinaje de miles de ciudadanos que acudían al lugar para ese momento (tiempo litúrgico) del año.

La devoción hacia Elena se redujo a mediados del siglo XX y, sin embargo, el respeto y la fe hacia la figura histórica de Elena continúo transmitiéndose de generación en generación, de familia en familia y de barrio en barrio. De esta forma, después de la creación de la Diócesis de Caguas en 1963, se acrecentó aún más la devoción popular hacia Elena, al punto de que se edificó una capilla-santuario en el lugar de su muerte, en septiembre de 1985.[330] Fue a partir de este año que la Iglesia católica amplió las facilidades y estableció permanentemente un sacerdote en el lugar.[331]

La fuerte creencia popular que ha persistido entre los ciudadanos de municipios limítrofes a la Santa Montaña en torno a la identidad de Elena Huge como misionera apostólica o como la

---

329 Silva Gotay. *Catolicismo y Política*, 316.

330 Documento del P. José Dimas Soberal.

331 Entrevista con el P. Dimas Soberal.

mismísima Virgen María, llevó a varios sacerdotes a realizar una investigación histórica sobre esta figura mítica de la Sierra de Cayey. El P. Jaime Reyes. S.B. y el P. José Dimas Soberal fueron los sacerdotes autorizados por el Monseñor Enrique Hernández, obispo de la Diócesis de Caguas, para que realizaran tal investigación.

En el transcurso de la investigación, por diferencias metodológicas, el P. Dimas Soberal y el P. Jaime Reyes separaron sus respectivos estudios. Los datos recopilados por el P. Jaime Reyes fueron publicados en 1992, en un libro titulado: *La Santa Montaña de Puerto Rico; el misterio de Elenita de Jesús*. En el mismo, Jaime Reyes expuso una centena de entrevistas realizadas en diferentes municipios, tales como Patillas, San Lorenzo, Cayey, Caguas y Yabucoa. Detalló el origen de Elena sobre la base de los testimonios de los que la conocieron o compartieron con ella, y reafirmó la devoción popular que identifica a Elena con la Virgen, Madre Redentora.[332]

Por tal razón, la distribución del libro sobre Elena fue prohibida y sacada de circulación comercial, por el obispado de Caguas.[333] Además de esto, el Padre Jaime Reyes fue removido de su posición de párroco en la Santa Montaña. Después de 90 años de lo sucedido con el Padre Puras en 1911, aproximadamente, se repetía el mismo escenario en la Santa Montaña, debido a la polémica sobre la identidad de Madre Elena.

De otra parte, la investigación que llevó a cabo el P. Dimas Soberal sobre el personaje histórico de Elenita de Jesús, se nutrió mucho más de fuentes diversas, en comparación con el libro de P. Jaime Reyes. Su investigación concluyó afirmando que este personaje histórico llamado Elena Huge, según consta en su cer-

---

332 P. Jaime Reyes. *La Santa Montaña*, Pg. 8.

333 Documento del P. José Dimas Soberal.

tificado de defunción, era Helena Huyke Sistermans, de descendencia holandesa, maestra laica y radicada en Arroyo. Después de una intensa y extensa búsqueda de documentos, cartas y llamadas telefónicas al exterior, Dimas Soberal concluyó que el apellido Huge es de descendía holandesa y que se escribe originalmente de forma Huyke.

¿Cómo se da el salto de apellido? Seguramente los escribanos de la época, que redactaban en sus actas lo que escuchaban literalmente de las personas que dictaban la información. El apellido más cercano a Huge, para esa época, y en esta zona, era Huyke.[334] Cuando se pronuncia Huyke en holandés, se escucha como si fuese Huge en inglés. Además, en el árbol genealógico de la familia Huyke de Arroyo, existe el eslabón perdido de una Helena Huyke Sistermans, para quien se tiene fecha de nacimiento, pero no fecha de fallecimiento ni lugar de enterramiento.[335] En ese árbol genealógico aparece una dama con este nombre, cuya fecha de nacimiento es el 10 de mayo de 1823.[336]

Elena llegó a Arroyo para ayudar a su sobrino Enrique V. Huyke en la fundación del Colegio San Bernardo.[337] Y en este colegio se destacó como maestra de religión.[338] Sin embargo, después de la invasión norteamericana, el colegio cerró sus puertas —como dijimos— a principios del siglo XX. Según investigaciones del P. Dimas Soberal, Helena Huyke zarpó desde Arroyo hacia Curazao, en agosto de 1899. Pero el barco en que zarpó naufragó a causa del mal tiempo que trajo el huracán San Ciriaco.

---

334 Documento del P. José Dimas Soberal.

335 Ibíd.

336 Ibíd.

337 Ibíd.

338 Ibíd.

Helena naufragó, pero fue vista después de la desgracia, por residentes costeros de Maunabo y Patillas[339].

Cuando el Padre Dimas Soberal presentó su hipótesis al obispo de Caguas, monseñor Hernández, este no aceptó de buenas a primeras las conclusiones del Padre Soberal, ya que confrontó los testimonios orales recopilados con los documentos encontrados por el padre. Tiempo después, cuando se presentaron oficialmente los resultados de la investigación del P. Dimas Soberal ante la Comisión Episcopal Puertorriqueña, en 1994, los mismos fueron aceptados por esta comisión. Sin embargo, la Comisión Episcopal se rehusó a publicar la información, e instó al P. Dimas Soberal a que publicara la investigación en su carácter personal.[340] Esta idea fue rechazada de inmediato por P. Dimas.

Desde entonces, los hallazgos de este sacerdote han sido la historia oficial parcial de la cincuentenaria Diócesis de Caguas, sobre el origen del personaje histórico de Vuestra Madre. También desde entonces convergen en el lugar dos historias paralelas: una popular y otra académica, ambas centradas en el origen de este personaje legendario llamado Elena.

Aun así, más allá del origen histórico de esta Madre y de las distintas versiones que se tienen sobre su verdadera identidad, no cabe la menor duda del impacto social que tuvo la presencia de este personaje verídico en la historia de la región. Sus predicas lograron unir a un campesinado cafetalero, tabacalero, correcostas, agregado y marginado, bajo un solo credo: vivir la vida acorde con los valores cristianos católicos tradicionales. Durante su estancia en la sierra de Cayey, supo cómo llevarle el mensaje a ese campesino montuno que vivía en paupérrimas condiciones de vida por culpa de la desigualdad económica imperante en la época. Los devotos de Elena eran los empleados de la Estancia

---

339 Entrevista con el P. Dimas Soberal.

340 Ibíd.

Sofía en el barrio Mulas; eran los pequeños y medianos propietarios de tierra, que se dedicaban al café, tabaco y frutos menores, ya mencionados anteriormente.

Letrero a la entrada del Santuario Montaña Santa en San Lorenzo.
Fotografía por Jorge Nieves Rivera.

Curiosamente, según los testimonios orales recopilados en las diferentes investigaciones, no se tiene evidencia de que se haya visto a Elena predicando en el llano. Todas sus prédicas y misiones se desarrollaron en las lomas, en la zona cafetalera y tabacalera, no así en la zona cañera. Y el café de Patillas, en ese momento histórico, se encontraba en pleno desarrollo comercial. De esta forma, Elena, durante su jornada misionera en las lomas de la sierra de Cayey, se estableció permanente en el lugar que hoy día se conoce como la Montaña Santa, ubicado en la colindancia entre Patillas y San Lorenzo[341], justo donde reverdecía la zona cafetalera de ambos pueblos. Por lo tanto, este hecho continúa evidenciando que el foco social de Patillas para finales del siglo XIX y principios del XX, se encontraba en las lomas y penillanuras del municipio, y no necesariamente en el casco urbano y en el llano.

A diferencia del café, las sociedades secretas y las huelgas de jornaleros en Patillas, permanece viva en nuestros días la devoción hacia Vuestra Madre, Elenita de Jesús, Elena Huge o Helena Huyke Sistermans, todas una sola mujer. Y el misticismo que rodea a esta figura aún se percibe en diferentes barrios de Patillas. Así, todavía se pueden observar pequeños altares en las residencias o carreteras de los distintos barrios del municipio, todos en memoria de Elena.[342] Ciento cinco años después de su muerte, cientos de personas peregrinan a pie o en carro por la carretera #184, cada Viernes Santo, para cumplir con sus promesas religiosas, ser parte de la centenaria tradición, o simplemente curiosear durante las actividades religiosas, entre las distintas estaciones de meditación que se encuentran en el lugar.

El impacto de Elena no solamente quedó enmarcado en un ambiente religioso o quimérico, sino que transcendió al espacio cultural de Patillas; y por tal razón, merece un reconocimiento especial, ahora como huella imborrable en la historia del Pueblo Esmeralda y la región oriental de Puerto Rico.

---

341 La Montaña Santa se ubica en el Bosque de Estatal de Carite, entre los municipios de San Lorenzo y Patillas. Se puede ir por la carretera #184 hacia Patillas. Después de las lechoneras en Guavate, como a 4 kilómetros de ellas, se encuentra la Carretera Panorámica #7740, por la que se puede subir al lugar. La capilla-santuario está ubicada en el k.m. 5.4.

342 En la carretera #184 de Patillas, si se va en dirección hacia Cayey o San Lorenzo, se puede observar un pequeño altar a mano izquierda de la carretera.

CONCLUSIÓN

El desarrollo cafetalero en la Cordillera Central de Puerto Rico tuvo, durante el siglo XIX, un impacto social a lo largo ancho de la misma, pero sentido, vivido y asimilado de un modo muy particular por los municipios del este de la Cordillera, específicamente en la Sierra de Cayey. Todos los municipios que colindan con esta Sierra fueron partícipes de las bonanzas económicas, así como de la desigualdad social que produjo el exquisito grano arábigo. Al igual que en Utuado y Adjuntas, Patillas tuvo un buen desarrollo cafetalero; pero en comparación con ellos, fue de menor producción. El hecho de que parte del este de la Cordillera Central termine en el Pueblo Esmeralda, implicó la altura favorable de sus lomas, las cuales exponían los cafetos a los vientos alisios que soplan en la parte oriental de la Cordillera —cuna de terreno arcilloso y húmedo— lo que facilitaba la siembra de café y, también, de otros productos agrícolas destinados a fines comerciales y domésticos.

Fue gracias a esa riqueza geográfica y geológica que el municipio de Patillas pudo desarrollar una economía agrícola diversa, durante su primer centenario de fundación. A lo largo del siglo XX, se publicaron diferentes libros sobre la riqueza agrícola de los llanos patillenses, excelentes para la producción de la caña. Sin embargo, a causa del desarrollo desparramado de la caña se eclipsó e ignoró el desarrollo agrícola de las lomas, en las cuales se produjo tabaco, café y frutos menores: trilogía agrícola que en conjunto pudo haber igualado o superado los números de la producción de la caña durante algunos periodos de finales del siglo XIX. La mayor parte del café de las lomas patillenses, a falta de torrefactoras para su elaboración comercial en el pueblo, era llevada a Cayey, donde casas comerciales lo compraban procesado o sin procesar, para venderlo en la Isla o el extranjero. Por lo tanto, se desconoce la cantidad exacta de las ganancias o pérdidas que dejaron las cosechas en contribuciones para el pueblo, y si en algún momento histórico, llegaron a superar las ganancias de la caña. Ya que gran parte del café se fugaba a los pueblos que colindan con Patillas por el norte, gracias al rápido acceso de los caminos, el producto tenía una salida mucho más fácil y rápida a mercados más grandes de la Cordillera, que a los del mismo pueblo. Hasta el momento, la finca más grande de café que hemos encontrado en Patillas ha sido la estancia La Sofía, con una producción de 600 cuerdas de terreno dedicadas al café solamente. El resto de la producción en el municipio se dividió en fincas de menos de 100 cuerdas de terreno, en las cuales el café ocupaba solamente una cuarta parte de la producción total de cada finca. Pero el constante azote de huracanes en la región oriental, de 1890 a 1956, imposibilitó un desarrollo del café en el este de la Cordillera, específicamente en las lomas de Patillas.

No obstante, esa producción agrícola no se desarrolló en el vacío, sino gracias al trabajo de miles de mujeres y hombres locales y extranjeros, negros y blancos, que decidieron circular hacia las lomas por alguna razón. Los datos estudiados nos demuestran que la consolidación de tierras en el llano por parte de los hacendados de la caña, así como la caída del precio de la misma, dejó a cientos de trabajadores sin la oportunidad de poseer algún pedazo de tierra u obtener empleo en el llano. Por tanto, las lomas fueron el lugar escogido para comenzar de nuevo. Este fenómeno permitió a los hacendados y estancieros de las montañas adquirir mano de obra barata para sus siembras y cosechas de café y a su vez, le permitió al campesino una oportunidad de empleo y vivienda.

El brío que el café cobró en la Cordillera Central, según ha señalado Fernando Picó, se sintió en Patillas y en sus municipios colindantes, a lo largo de la Cordillera. Estos trabajadores crearon comunidades y sectores alrededor de sus nuevos centros de trabajos, donde se desarrollaron sus familias numerosas, portadoras de precisas ideologías y creencias, problemas y sueños. Se desarrollaron valores centrados en el trabajo de la tierra, en tradiciones folclóricas arahuacas, europeas y africanas, y en la devoción de santos relacionados a la fe católica. Con estos mismos valores, se iniciaron los niños pequeños en el trabajo y los quehaceres de la casa. De esta forma, se les imposibilitaba a miles de niños patillenses culminar los grados primarios de su educación.

Esta marginación y desigualdad hacia los campesinos de las lomas y del llano, los fue concientizando sobre su condición social, política y económica dentro de la sociedad patillense de finales del siglo XIX y principios del XX. Este conflicto de clases sociales produjo un malestar latente entre hacendados y jornaleros, propietarios y no propietarios, que culminó con diversas revueltas, arrestos y huelgas a finales del siglo XIX y principios del XX. Mientras los Fantauzzi, los Ricci y los Riefkohl, consolidaban su poder económico y político en el llano, pequeños y medianos propietarios de las tierras en las lomas, conspiraban en el clandestinaje información de todo tipo, tanto política, como obrera, nutriéndose de esa forma de todo tipo de literatura de corte liberal. Fue posible, por esa razón, que decenas de individuos lograron unirse para crear sociedades secretas en Patillas, a fin de enfrentar a la temida Guardia Civil española, en octubre de 1895. Este hecho provocó que cuatro patillenses, junto con otro grupo de compatriotas arroyanos, cumplieran cárcel en Ceuta. Esto demostró que Patillas, a su vez, era parte de una serie de propaganda separatista y subversiva que había resucitado a nivel nacional, a raíz de la segunda Guerra de Independencia cubana ese mismo año.

Pero el campesino montuno no solo consiguió unirse en temas políticos y obreros: también logró reunirse para escuchar las prédicas de la Madre Elena, en la Sierra de Cayey. Los sermones de Vuestra Madre se sembraron en las mentes de algunos campesinos patillenses, como ñame en terreno de barro, germinando en un estilo de vida pacífico aunque no dócil, de sosiego y no de arrebato, de devotos en vez de agnósticos. Estos valores fueron y siguen siendo enseñados y transmitidos por descendientes de los testigos oculares de Elena, y por todo aquel que se siente identificado desde hace 105 años con la filosofía de vida que estableció Vuestra Madre del campesino de las lomas.

La sociedad de Patillas fue predominante montuna hacia finales del siglo XIX y principios del XX, gracias a la entrada del café a la carrera de productos agrícolas con fines comerciales. La investigación realizada hace evidente que la agricultura y la gente común y corriente del pueblo establecieron una coyuntura, en un periodo de su historia, donde las lomas fueron el escenario de cambios y transformaciones hacia unos valores que forman parte de la historia y la cultura contemporánea del municipio.

Por lo tanto, esta investigación dirige su intención a realizar un estudio desde las lomas hacia al llano, y no desde el llano hacia las lomas, como se ha presentado en otras investigaciones sobre la zona. Además, se busca reconocer la valía geográfica de Patillas, y presentarlo no como un municipio completamente costero, sino más bien, como un pueblo de abundante diversidad ecológica: una verdadera joya de esmeraldas.

BIBLIOGRAFÍA

Fuentes Primaria

Archivo General de Puerto Rico. *Fondo: Fondos municipales,* caja # 2. Exp. 5-9.

Archivo General de Puerto Rico. *Fondo: Fondos municipales.* Exp. # 519.

Archivo parroquial de la Iglesia Sagrado Corazón de María, en el pueblo de Patillas, *Libro de Actas Bautismales, 1816-1819.*

Carroll, Henry K. *Report of the Island of Puerto Rico its population, civil, government commerce, industries, productions, roads, tariff and currency, with recommendations.* Government printing office, 1899. The public library of the Congress of the U.S.A. Free access by openlibrary.com.

Censo de Población de Puerto Rico del 1910. Vol.36 y Vol. 37. Carretes 018 y 019. Centro de Investigaciones Históricas de la Universidad de Puerto Rico, Recinto de Río Piedras.

Documentos de la Diócesis de Caguas y de la Comisión Episcopal Puertorriqueña del archivo personal del P. Dimas Soberal, Lares, Puerto Rico.

Informe sobre el *Censo de Puerto Rico de 1899,* por el Departamento de Guerra de los Estados Unidos. Traducido al español por Frank L. Joannini. Washington, 1899.

Sala de investigación Julio Marrero Núñez del San Juan Historic Site of Park Service, *Mapa militar de la Isla, Comisión Topográfica de 1884.* Editado por Luis González Vale (Madrid: Archivo Cartográfico y de estudios geográficos del Centro Geográfico del Ejército Español).

Tapia, Gloria. *Orígenes y fundación de la central Lafayette.* Tesis de maestría para el programa graduado de Historia de la Universidad de Puerto Rico, Recinto de Río Piedras. Centro de Investigaciones Históricas, #80.

Ober, Frederick A. *Puerto Rico and its resources.* D. Appleton and Company, New York, 1899.

Periódico La Correspondencia. Archivo de periódicos en la sala de Colección Puertorriqueña, UPR. 20 de oct. De 1895.

Periódico La Democracia. Archivo de periódicos en la sala de Colección Puertorriqueña, UPR. 18 de oct. De 1895.

War Department, adjutant-General's Office. *Military information Division Military Notes on Puerto Rico.* Washington: Government Printing Office, 1898.

Fuentes secundarias

Bayrón Toro, Fernando. *Elecciones y partidos políticos de Puerto Rico 1809 2000.* Ed. Isla, Mayagüez. Sexta edición, 2003.

Beirne, Charles J. *El problema de la americanización en las escuelas católicas de Puerto Rico.* Ed. de la Universidad de Puerto Rico, Recinto de Río Piedras, 1976.

Blanch, José. *Directorio Comercial é Industrial de la Isla de Puerto Rico para el 1894.* Copia suministrada por el Dr. Jalil Sued Badillo.

Bird Carmona, Arturo. *A lima y machete: la huelga cañera del 1915 y la fundación del Partido Socialista.* Ed. Huracán, 2001, San Juan.

Buitrago Ortiz, Carlos. *Los orígenes históricos de la sociedad pre capitalista en Puerto Rico.* Ed. Huracán, Colección semilla, Río Piedras, 1976.

________, *Haciendas cafetaleras y clases terratenientes en el Puerto Rico decimonónico.* Editorial de la Universidad de Puerto Rico, Río Piedras, 1982.

Cintrón Ferre, Maribel. *Los comerciantes de Guayama: intercambios y control en el 98'.* Ensayo publicado en el libro Los arcos de la memoria; el 98'de los pueblos puertorriqueños ed. por Silvia Álvarez Curbelo, Mary Frances Gallart y Carmen Raffucci. Ed. Posdata en colaboración con la Universidad de Puerto Rico y la Asociación de Historiadores Puertorriqueños. Comité del centenario 1898.

Coll y Toste, Cayetano. *Reseña del estado social, económico e industrial de la Isla de Puerto Rico.* Edición publicada por la Academia Puertorriqueña de la Historia, 1998.

________, *Boletín histórico de Puerto Rico,* Tomo V. Impreso en España.

Cruz Monclova, Lidio. *Historia de Puerto Rico (s. XIX).* Ed. Universidad de Puerto Rico, Río Piedras, 1971. Tomo III, primera parte.

________, *Historia de Puerto Rico (s. XIX).* Ed. Universidad de Puerto Rico, Río Piedras, 1971. Tomo III, segunda parte.

________, *Historia de Puerto Rico (s. XIX).* Ed. Universidad de Puerto Rico, Río Piedras, 1971. Tomo III, tercera parte.

De Hostos, Adolfo. *Tesauro de Datos históricos de Puerto Rico.* Tomo IV, N-R. Editorial de la Universidad de Puerto Rico, Río Piedras, 1994.

Delgado Pasapera, Germán. *Puerto Rico: sus luchas emancipadoras (1850-1890).* Ed. Cultural, Río Piedras. 1984.

Díaz Jiménez, José. *Memorias; el Patillas del ayer.* Editorial y fecha de publicación desconocida.

Dietz, James L. *Historia económica de Puerto Rico.* Ed. Huracán, Río Piedras.

Dimas Soberal, P. José. *"Helena Huyke Sistermans"* (Informe presentado a la Conferencia Episcopal Puertorriqueña, 1994). Archivo personal de P. Dimas Soberal.

Domínguez Cristóbal, Carlos. M. *Panorama histórico forestal de Puerto Rico.* Ed. De la Universidad de Puerto Rico, Río Piedras. 2000.

Domínguez Gomes, Celestino. *"Frente al problema II", Pancho Ibero,* Mayo 3, 1919. Biblioteca de Ateneo Puertorriqueño.

Feliciano Ramos, Héctor. *Factores precipitantes de la Carta Autonómica.* Ponencia publicada en el libro Centenario de la Carta Autonómica (1897-1997) y editado por Juan E. Hernández Aquino. Círculo de recreo de San Germán y coauspiciado por la Fundación Puertorriqueña de las Humanidades, San Juan, 1998.

Figueroa A., Luis. *Sugar, slavery and freedom in nineteenth-century Puerto Rico.* The University of North Carolina Press, Ed. Chapel Hill, U.S.A., 2005.

García Boyrie, Francisco. *Arroyo: notas para su historia.* Publicado por la Oficina Estatal de Preservación Histórica de la Fortaleza, San Juan. 1985.

García, Gervasio y Quintero Rivera, A. G. *Desafío y Solidaridad: breve historia del movimiento obrero puertorriqueño.* Ed. Huracán, Río Piedras. 1997.

Guía oficial general de Puerto Rico de 1897. Copia facilitada por el Dr. Jalil Sued Badillo.

López Martínez, Pio. *Cayey: notas para su historia.* Publicado por la Oficina Estatal de Preservación Histórica de la Fortaleza, San Juan. 1985.

________, *Historia de Cayey.* Editorial y fecha de publicación desconocidos. Derechos reservados del autor.

Mapa topográfico de Patillas realizado por U.S. Geological Survey en el 1942. Revisado en el 1982. Copia suministrada por María Cancel.

Martin Ramos, Jesús. *Las comunicaciones en la Isla de Puerto Rico (1850-1898).* Academia Puertorriqueña de la Historia, San Juan. Año de publicación desconocido.

Mejías, Félix. *De la crisis económica del 86 al año terrible del 87.* Ed. Puerto, Río Piedras. 1972.

Meléndez Badillo, Jorell. *Voces libertarias: orígenes del anarquismo en Puerto Rico.* Ediciones C.C.C., Santurce. 2013.

Mintz, Sidney W. *Taso: trabajador de la caña.* Ediciones Huracán, San Juan, 1988.

Negrón Portillo, Mariano. *Cuadrillas anexionistas y revueltas campesinas en Puerto Rico, 1898-1899.* Publicado por el Centro de Investigaciones Sociales de la Universidad de Puerto Rico, Recinto de Río Piedras, 1987.

________, *El autonomismo puertorriqueño: su transformación ideológica (1895-1914).* Ed. Huracán, San Juan, 1981.

________, *Las turbas republicanas: 1900-1904.* Ed. Huracán, San Juan, 1990.
Nieves Rivera, Jorge. *La invasión a él Santo Domingo español.* Ensayo monográfico para curso graduado en la Universidad Interamericana, Recinto Metropolitano, 2010.

Ojeda Reyes, Félix. *El desterrado de París: biografía del Dr. Ramón Emeterio Betances (1827-1898).* Ed. Puertos, San Juan. 2001.

Pedreira S. Antonio. *El periodismo en Puerto Rico.* Ed. Edil, Río Piedras. 1969.

________, *El año terrible del 87: sus antecedentes y consecuencias.* Ed. Edil, Río Piedras. 1968.

Picó, Fernando. *1898: la guerra después de la guerra.* Ed. Huracán, San Juan. Cuarta edición, 2013.

________, *Amargo Café: los pequeños y medianos caficultores de Utuado en la segunda mitad del siglo XIX.* Ed. Huracán, San Juan, 1985.

________, *Cafetal Adentro: una historia de los trabajadores agrícolas en el Puerto Rico del siglo XIX.* Revista El Sol. Año XXX, núm. 1. 1986.

________, *Cayeyanos: familias y solidaridades en la Historia de Cayey.* Ed. Huracán, San Juan, 2007.

________, *Mitos y realidades en la Historia de la familia puertorriqueña en la zona cafetalera en el siglo XIX.* Publicada por la Revista Homines, de la Universidad Interamericana de Puerto Rico, Recinto Metropolitano Año y número de publicación desconocido. Copia suministrada por el Dr. Jalil Sued Badillo.

Quintero Rivera, A. G. *Conflictos de clase y política en Puerto Rico.* Ed. Huracán, Río Piedras, 1986. Quinta edición.

Ramos Mattei, Andrés A. *La sociedad del azúcar en Puerto Rico: 1870-1910.* Decanato de Asuntos Académicos de la Universidad de Puerto Rico, Río Piedras. 1988.

Ramos Perea, Roberto. *Literatura puertorriqueña negra del siglo XIX escrita por negros: obras encontradas de Eleuterio Derkes, Manuel Alonso Pizarro y José Ramos Brans.* Editorial LEA, Ateneo Puertorriqueño, San Juan. 2009.

Relato del Sr. Medino Torres sobre su testimonio vivo de nuestra madre misionera en la década de 1970. Documento propiedad de P. Dimas Soberal. Archivo personal, Lares, Puerto Rico.

Reyes, P. Jaime. *La Santa Montaña de Puerto Rico: el misterio de Elenita de Jesús*, en http://www.buenaventurapr.com/documents/, libro del padre jaime.pdf. (descargado el 18 de enero del 2013).

Rivera Arbolay, Pedro J. *Historia de Patillas.* Ed. Alfa y Omega, Santo Domingo, República Dominicana. 1999.

Rodríguez Bernier, Paulino. *Historia de Patillas (1811-1965*). Ed. Bibliográficas, PR. San Juan. Segunda edición, 2012.

________, *Los Huyke de Arroyo.* San Juan: Ediciones Mágica, 2009.

Rosario Natal, Carmelo. *Los pobres del 98'puertorriqueño: lo que le paso a la gente.* Producciones históricas, San Juan, 1998.

________, *Puerto Rico y la crisis de la Guerra Hispanoamericana (1895-1898).* Editado por Ramallo Brothers Printing, Co., Hato Rey. 1975.

Ruíz Esquivel, P. Giovanni. *Historia del Santuario Montaña Santa: Notas históricas.* Obtenido de http://www.santuariopr.org/santuario.html. 4 de diciembre del 2013.

Schwartz, Stuart B. *El huracán San Ciriaco: desastre, política y sociedad en Puerto Rico; 1899-1901.* Ensayo publicado por la Revista Historia y Sociedad de la Facultad de Humanidades de la Universidad de Puerto Rico, Recinto de Río Piedras. Año V, 1993.

Sepúlveda Rivera, Aníbal. *Puerto Rico urbano: atlas históricos de la ciudad puertorriqueña.* Vol. I [de 4]: La memoria olvidada, 1509-1820. Centro de Investigaciones Carimar y el Departamento de Transportación y Obras Públicas del Estado Libre Asociado de Puerto Rico, 2004.

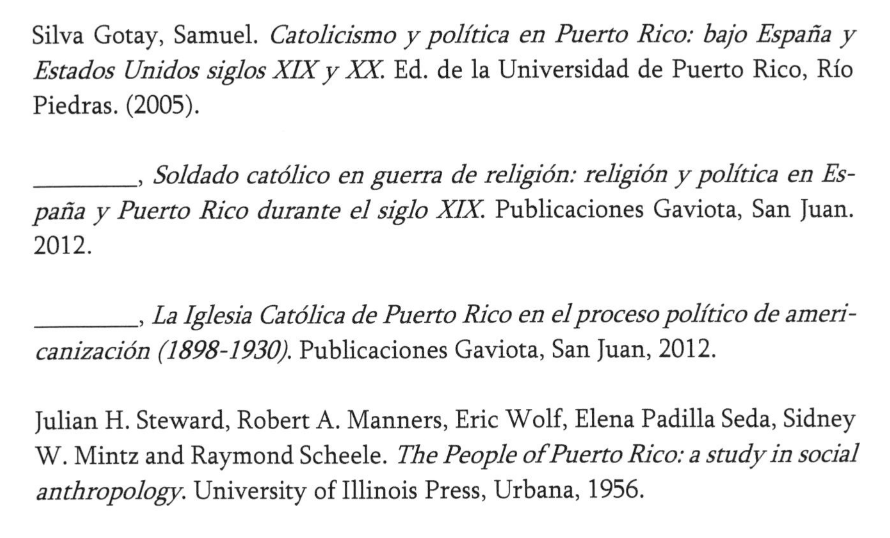

Silva Gotay, Samuel. *Catolicismo y política en Puerto Rico: bajo España y Estados Unidos siglos XIX y XX.* Ed. de la Universidad de Puerto Rico, Río Piedras. (2005).

________, *Soldado católico en guerra de religión: religión y política en España y Puerto Rico durante el siglo XIX.* Publicaciones Gaviota, San Juan. 2012.

________, *La Iglesia Católica de Puerto Rico en el proceso político de americanización (1898-1930).* Publicaciones Gaviota, San Juan, 2012.

Julian H. Steward, Robert A. Manners, Eric Wolf, Elena Padilla Seda, Sidney W. Mintz and Raymond Scheele. *The People of Puerto Rico: a study in social anthropology.* University of Illinois Press, Urbana, 1956.

Sued Badillo, Jalil. *Guayama: notas para su historia.* Publicado por la oficina de Asuntos Culturales de la Fortaleza, San Juan. 1983.

________, S*endero histórico de Patillas: el pueblo esmeralda.* Publicaciones Gaviota, Río Piedras. 2012.

Torres-Abreu, A. *Gestión ambiental y participación pública en los bosques de Puerto Rico.* Recuperado de la página de Internet del Instituto de Investigaciones Interdisciplinarias de la Universidad de Puerto Rico, Recinto de Cayey. http://webs.oss.cayey.upr.edu/iii/sites/webs.oss.cayey.upr.edu.iii/files/u1/gestion_ambiental_participacion.pdf.

Ubeda y Delgado, Manuel. *Isla de Puerto Rico: Estudio histórico, geográfico y estadístico de 1878.* Edición publicada por la Academia Puertorriqueña de la Historia, 1998.

Zayas Micheli, Luis O. *Catolicismo popular en Puerto Rico: una explicación sociológica.* Editorial Raíces, San Juan, 1990.

Entrevistas realizadas

Entrevista al P. José Dimas Soberal el 18 de enero del 2013.

Entrevista con Amelio Nieves Figueroa el 10 de enero del 2013.

Entrevista con Antonio Navarro el 24 de febrero del 2013.

Entrevista con Cirilo Figueroa el 16 de febrero del 2013.

Entrevista con Manuela Ortiz el 12 de enero del 2013.

Entrevista con María A. Flores el 26 de octubre del 2013.

Entrevista con Celestino Lozada el 16 de febrero del 2013.

Entrevista con Aguilino Santana el 16 de febrero del 2013.

Jorge Nieves Rivera es un joven maestro e historiador patillense. Posee un Bachillerato en Artes de Educación con concentración en la enseñanza de Estudios Sociales a nivel secundario, de la Universidad de Puerto Rico, recinto de Río Piedras. En el 2012, colaboró en la redacción de varios capítulos sobre historia de Puerto Rico para libro de texto escolar: *Historia y geografía de Puerto Rico* de la Editorial Santillana. En mayo del 2014, obtuvo el grado de Maestría en Artes con concentración en Historia de la Universidad Interamericana de Puerto Rico, recinto Metro. Actualmente es miembro de la Asociación Puertorriqueña de Historiadores (APH) y de la organización de Historiadores de la Región Oriental (HIRO).

Made in the USA
Charleston, SC
24 June 2015